**오선화**_비밀멘토

그녀는 추계예술대학교 문예창작과를 졸업했다.
소설을 전공한 그녀는, 두 딸을 키우며 어린이책으로 관심을 돌렸다.
지금은 어린이책 기획과 집필에 열중하고 있으며,
어린이와 청소년에게 긍정의 힘을 전달하는 게 꿈이라고.
그녀는 자신의 꿈을 향해 오늘도 달려간다.
그녀는 실제로 '비밀멘토'라는 별명을 갖고 있는데,
학원강사로 재직할 때의 제자들과 교회 고등부 제자들이
지어 준 별명이라고.
이런저런 고민을 가진 청소년들과 이야기하며
감성적인 해답을 제시하는 비공식 상담가로 알려져 있다.
그녀의 감성이 풀어내는 해답은 마음을 울리는 매력이 있으며,
그 매력이 이 책을 통해서도 잘 전달되고 있다.
극동방송 일일드라마의 대본을 맡고 있으며,
지은 책으로는 〈성경태교동화〉〈내가 사랑한다고 말하니까〉
〈엄마는 기도했단다〉 등이 있다.


**구작가**

나이는 서른. 마음은 열아홉.
구작가는 2살때 열병으로 인해 청력을 잃은 후로
그림은 '의사소통의 도구'가 되었다.
그 이후로 언어로 생각을 전달하는 것보다
그림으로 이야기를 하는 것이 익숙하다.
구작가의 마음을 대변하는 캐릭터 베니는
대중들의 사랑을 한 몸에 받고 있다.
그 이야기는 구작가의 작업실(www.lapinfee.com)에서
엿볼 수 있다.
이번에 청소년의 입장이 된 베니의 무대를
〈힐링 멘토〉로 그려나가면서 마음이 설레였다.

# I can
# do it!

사랑하는 ＿＿＿＿＿＿＿＿ 에게

너의 꿈을 응원하는 ＿＿＿＿＿＿＿＿ 가

Healing 힐링

멘토

일러두기

이 책은 메신저와 미니홈피, 블로그 등을 통해 소통하는 형식을 갖추고
있습니다. 그래서 생생한 현실감을 살리기 위해 일상 생활에서 흔히 사용되는
구어체 표현이나 이모티콘을 그대로 사용한 경우도 있습니다.

# 멘토

**청소년을 위한 유쾌한 감성 멘토링**

오선화 글 | 구작가 그림

티움

## 꿈토

성적도 중간, 성격도 무난.
얼굴도 그럭저럭. 그 자체로 평범한 학생
겉보기에는 편안해 보이지만, 사실은
일생일대의 고민을 놓고 고군분투 중.
도대체 자신의 꿈이 뭔지 몰라,
매일 머리를 쥐어짠다.

## 열토

매일 열공하는 꿈토의 베프.
일류대에 입학해
수학과 교수가 되는 꿈을 꾼다.
자신의 꿈을 위해 오늘도 열공 중.

## 대토

꿈토의 아빠.
청소년 상담전문가이자,
'청소년 멘토'라는 사이트 운영자.
모든 청소년의 고민을 해결해주지만,
정작 자신의 딸인 '꿈토'와는
대화도 잘 나누지 못하는 것이 고민.

## 비멘(비밀 멘토)

어느 날 꿈토에게 일촌 신청을 한 인물.
메일과 메신저를 통해
꿈토의 비밀 멘토가 되었다.

## 과외쌤

꿈토의 수학 과외쌤. 꿈토의 첫사랑.
일류대 수학과 교수인
아버지의 바람대로 수학을 전공했으나,
사진작가가 되고 싶은 꿈을 버리지 못해
항상 카메라를 메고 다님.
결국 사진 작가의 길을 찾아
과외를 그만둔다.

## 모나리자

꿈토와 열토의 담임쌤.
눈썹도 표정도 없어 학생들에게
'모나리자'로 불림.
'공부! 공부! 오직 공부!'만을 외치며
학생들을 위협한다.

# 내 이름은 꿈토.

항상 꿈을 잊지 말라고 아빠가 지어 준 이름이야. 하지만 내 삶은 이름과 다를 것 같아. 도무지 하고 싶은 것도 없고, 뭘 잘하는지도 모르겠어. 꿈이 뭔지도 모르겠고. 내가 이런 고민을 말하면 내 친구 열토는 이렇게 말해. "너희 아빠에게 상담해 봐. 너희 아빠가 운영하는 '청소년 멘토' 사이트 게시판에 고민을 올리면 아주 친절하게 상담해주셔. 그런 분하고 한집에 살면서 왜 가만히 있는 거야?"라고 말이야.

그래, 열토 말이 맞아. 열토는 우리 아빠의 팬이거든. 우리 아빠는 유명한 청소년 상담가지. 하지만 나에게는 그저 함께 밥 먹고(그것도 아주 가끔), 일상적인 대화("밥 먹었니?" 이 정도)를 나누는 그냥 아빠일 뿐이야. 아빠를 원하는 아이들은 많아. 아빠는 전국을 돌아다니며 강연과 상담을 해. 심지어는 해외에서도 강연을 하기도 하지. 하지만 아빠는 다른 청소년들의 고민을 해결해주느라 정작 나에게는 관심이 없어. 아빠 얼굴을 못 보지 벌써 일주일이나 되었을 걸. 차라리 그런 아빠보다는 멋진 과외쌤이 멘토를 해주면 좋겠어.

# 1장

# 도대체 나의 꿈은 뭐지?

# 2장

# 그래?! 한번 해볼까?

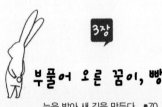

3장

부풀어 오른 꿈이, 빵!

## 까짓 거! 나를 믿어보자!

## 마음이 설레다

# 꿈이 설레다!

1장

도대체 나의 꿈은 뭐지?

눈이 퉁퉁 부은 꿈토.

멘토로 삼고 싶었던 과외쌤을 이제는 더 이상 만날 수 없다는 사실에 펑펑 울어버렸다. 과외쌤은 사진작가가 되고 싶은 게 원래 꿈이었다며, 사진 공부를 위해 과외를 그만두겠다고 한다. 꿈토는 이제 과외쌤을 못 본다는 사실에 눈앞이 캄캄해졌다. 지푸라기라도 잡고 싶은 심정으로 묻는다.

"쌤, 혹시 미니홈피 하시면 일촌 맺을까요?"

그런데 대답은 여전히 캄캄한 동굴 속.

"요즘 누가 그런 걸 해? 나는 페북하는데…"

과외쌤은 그 한마디만을 남기고 홀연히 떠났다. 꿈토는 슬픔에 잠겨 컴퓨터를 켰다. 열토에게 쪽지로 이 엄청난 사건을 털어놓기 위해서다. 그런데 그때 마침, 일촌 신청이 도착했다.

'비밀 멘토(비멘) 님께서 일촌을 신청하셨습니다.'

엥? 비밀 멘토? 꿈토의 일촌명은 '예쁜 꿈쟁이'로 되어 있었다.

'누구지?'

꿈토는 머리를 쥐어짜며 비밀 멘토의 정체를 생각해보았지만 알 수 없었다. 비밀 멘토의 미니홈피에는 여기저기서 스크랩한 글만 몇 개 있고, 사진은 한 장도 없었다.

'혹시 과외쌤? 나한테 미안해서 미니홈피를 만들었나?'

꿈토는 일촌을 수락했다. 곧바로 쪽지가 왔다.

요즘 네 얼굴이 많이 우울해 보여서 멘토가 되어 주고 싶었어.
물론 네가 괜찮다면 말이야. ^^
무슨 고민이라도 있는 거니?

'우왕! 과외쌤이 분명해!'

꿈토는 바로 답장을 쓰기 시작한다.

도대체 내 꿈은 뭘까요?
비전이란 말만 들어도 가슴이 답답해요.
나의 비전은 어디에 숨어 있나요?

흠… 답답할 거야.
많은 사람들이 꿈이니 비전이니 외치는데, 정작 비전을 찾는다는 건 쉽지 않지. 너뿐만 아니라 다른 친구들도 그렇다면 조금 위로가 될까?

유리 슐레비츠라는 작가가 쓴 〈보물〉이란 동화가 있어. 그 책의 주인 공 이삭은 매우 가난한 노인이야. 어느 날 이삭은 아주 먼 왕궁에 보물이 숨겨져 있는 꿈을 꾸었어. 그래서 이삭은 그 꿈을 믿고 산 넘고 물 건너 왕궁을 찾아갔지. 그리고 경비병에게 꿈 이야기를 하며 보물을 찾아보게 해달라고 사정했어. 그러자 그 경비병은 코웃음을 치며 이렇게 말했어.

"나도 꿈을 꿨는데, 저 멀리 사는 이삭이라는 노인 집 아궁이에 보물이 많았어요. 거기로 가보세요."

이삭은 그 말을 듣고 다시 산 넘고 물 건너 집으로 돌아와서는, 아궁이 밑에서 보물을 발견하지.

꿈토야, 꿈은 정말 소중한 보물이야. 정말 소중한 것을 찾으려면 이삭처럼 오랜 시간에 걸쳐 멀리 돌아가기도 하지. 그런데 결국 정말 소중한 건 말이야. 너희 집 아궁이 밑에 있을지도 몰라. 너희 집엔 아궁이가 없다고? ㅋㅋㅋㅋ그럼 너의 마음속을 들여다봐. 네가 정말 좋아하는 것, 정말 잘할 수 있는 것은 네 마음속 아궁이 밑에 있을지도 모르니까.

제가 좋아하는 거요?
글쎄요······ 나는 좋아하는 과목도 없는 것 같아요.
열토는 수학이 재미있다는데, 난 재미있는 게 없네요. ㅠㅠ

엥? 네가 좋아하는 게 왜 공부 중에 있을 거라고 생각해?
공부가 비전이 될 수도 있지만, 모두가 그렇지는 않아.
다른 쪽으로 고개를 돌려 봐.

어느 어촌에 두 명의 아들과 함께 사는 엄마가 있었어. 엄마는 걱정이 많았지. 남편이 선장이었는데, 바다에서 폭풍우를 만나 목숨을 잃었거든. 그런데 첫째 아들이 아버지를 따라 선장이 되겠다고 하는 거야. 엄마는 남편처럼 아들을 잃을까 걱정했지. 하지만 첫째 아들은 고집을 꺾지 않았고, 결국 선장이 되었지. 엄마는 둘째 아들도 선장이 될까 봐 너무 불안했어. 그래서 동네에서 가장 나이가 많은 노인에게 고민을 이야기했지. 그랬더니 집안을 휘익 둘러본 노인은 안방에 걸려있는 큰 액자를 치우라고 했어. 그 액자에는 아빠가 선장으로 일할 때 바다에서 찍은 사진이 끼워져 있었지. 사진 속에는 거대한 바다가 펼쳐져 있었고, 아빠의 모습은 늠름했어. 엄마는 노인의 말대로 사진을 치웠어. 그랬더니 정말 둘째 아들은 선장이 되겠다는 말을 하지 않는 거야. 그래서 엄마가 노인에게 물었지. 노인은 웃으면서 이렇게 말했어. "사람은 멋있게 보이는 대로 살고 싶어 하지. 방에 그렇게 멋진 사진이 있으니 아이들이 선장을 꿈꾸는 건 당연하지 않소?"

꿈토야, 지금 네 눈앞에 보이는 건 공부뿐일 테지.
공부 잘하는 아이들이 멋있어 보일 거야. 하지만 네 눈앞에 있는 공부라는 액자를 치워 봐. 그리고 네 주위를 둘러봐. 그럼 반짝이는 다른 무언가가 보이지 않을까? ^^

그럴까요? 그런데 지금부터 찾기에는 너무 늦은 거 아닐까요?
벌써 전공하고 싶은 과를 정한 친구들이 있어요.
열토는 꿈도 확실해요. 다른 친구들에 비해
너무 늦었다는 생각이 들어요. ㅜㅜ

늦었다고?
에이, NO! NO! NO! NO!
이제 고1인데! 삶 전체를 하루로 본다면 새벽에 불과해!

한 청소년이 있었어. 그 친구는 고 1때 학교를 그만두고, 어둠 속에
살았지. 못된 짓을 골라 하고 싸움만 하면서 말이야. 그러다가 스무
살이 되었고 우연히 한 곡의 노래를 듣게 되었어. '사이프레스 힐'이
란 힙합 그룹의 노래. 그 친구는 심장이 멈추는 것 같았대. 그리고 노
래를 만들고 싶다는 생각을 했지. 악보도 볼 줄 모르고, 제대로 다루
는 악기조차 하나 없으면서 말이야. 게다가 그 친구가 여태까지 꾸
준히 해 온 것이라고는 싸움밖에 없잖아. 하지만 그 친구는 잠자는
3~4시간을 빼고는 모든 시간을 음악 만드는 일에 썼어. 간단한 비트
하나 만드는 데도 수개월이 걸렸지.

그리고 서른 한 살이 되었을 때, 그 친구는 자신이 만든 노래를
세상에 선보였어. 히트곡 제조기란 별명도 얻게 되었고.
그 친구가 바로 손담비의 '미쳤어', '토요일 밤에' 등을 작곡한
'용감한 형제'야.

꿈토야,
늦었다고 생각할 때가 가장 빠른 때라는 거 잊지 마.
우선 네가 정말 좋아하는 일이 뭔지 생각해 보면 어떨까?

작가가 되려면 글 쓰는 것을 좋아하고,
가수가 되려면 노래 부르는 것을 좋아해야 하는 거잖아요.
그런데 나는 과연 뭘 좋아할까요?
나는 좋아하는 게 예살 없는 사람 같아요.

너도 모르게 집중하는 일이 있을 거야. 모든 걱정 다 잊게 해주는 즐거운 일. 네 눈이 빛나고 마음이 따뜻해지는 일. 누구나 하나쯤은 가지고 있는 '보물 1호' 같은 것. 아니면 살면서 가장 소중한 것을 생각해 봐. 엄마 아빠로부터 받은 선물일 수도 있고, 아니면 첫사랑에게 받은 편지일 수도 있지. 잘 생각해 봐. 내 마음속 보물 1호는 뭘까?

이탈리아에 50살이 훌쩍 넘은 신사가 있었어. 그는 기호학이나 언어학뿐만 아니라 다방면에 걸쳐 방대한 지식을 가지고 있는 대학 교수였지. 어느 날 그의 친구가 말했어. "너는 중세의 역사에 대해서도 잘 알고 추리소설도 많이 읽었으니까 중세를 다루는 추리소설을 쓰는 건 어때?" 그는 이 말을 흘려듣지 않고 추리소설을 쓰기 시작했어. 그는 글을 쓰면서 생각했대.

"내가 이걸 좋아하는구나. 내가 이제야 좋아하는 것을 찾았구나."

결국 그는 〈장미의 이름〉이라는 추리소설을 완성했지. 그 소설은 전 세계 지식인들의 찬사를 받았고, 그는 세계적으로 유명한 사람이 되었어. 그가 바로 이탈리아 작가 움베르토 에코야.

아직도 모르겠어? 너만의 보물 1호를?
그럼 열토한테 물어보는 건 어떨까?
가까이서 널 지켜 본 사람이 너보다 먼저 알 수도 있거든.
움베르토 에코의 친구처럼 말이야.

열토가 답을 주긴 했어요. 내가 쉬는 시간마다 포스트잇에
그림을 그리거든요. 가끔은 수업시간에도… ㅋㅋㅋㅋㅋ
열토는 그게 내가 제일 좋아하는 거래요.
그런데 그게 꿈이 될 수 있을까요?

그래?? 그건 절대 시시하지 않은데!!!
그 흔한 포스트잇을 스케치북처럼 생각한 거잖아!!

스팀 청소기를 만들어 파는 한경희 사장님이 생각나네. 어느 일요일
오후 그 사장님은 집에서 걸레질을 하다가 생각했대. 걸레 청소에서
해방될 수 있는 방법이 없을까? 청소하는 건 힘들잖아. ㅋㅋㅋㅋ 청
소는 다 싫어하지, 누구나 다 싫어하는 그런 청소에서 해방되고 싶어
하는 것은 너무나 당연하고 평범한 이야기야. 그런데 한경희 사장님
은 그것을 꿈으로 삼았어. 다니던 회사를 그만두고 회사를 세워, 스팀
청소기 생산에 나섰던 거지. 그리고 이제는 뭐, 청소문화의 개척자라
고 불릴 만큼 유명해졌어.

그 사장님은 2008년 월스트리트저널이 선정한 '주목해야 할 여성 기
업인 50인'에 선정되기도 했지.

꿈토!
무엇이든 눈이 반짝하고 빛날 때가 있어.
그때를 잘 기억해 둬.
그리고 하나씩 이뤄 나가면서
그 분야의 전문가가 되도록 노력하는 거지.

제가 며칠 동안 열심히 생각해 봤는데요,
나는 정말 포스트잇에 그림 그리는 걸 좋아하는 거 같아요.
정말 한번 해 볼까요? ^_____^

꿈토야,
나는 요즘 아이들 마음을 참 잘 이해한다고 생각하거든.
그래서 너의 멘토도 하겠다고 나선 거야.
그런데 '~같아요.'라는 표현은 좋지 않아.
뭔가 자신감이 부족해 보이지 않니?
비가 억수같이 쏟아지는 데도
"비가 오는 거 같아요." 라고 말하는 친구를 봤어.
그게 뭐야? 비를 맞으면서도, 비가 오는 거 같다니… ㅜㅜ

꿈토야,
자신감을 가져.
너는 포스트잇에 그림 그리는 걸 좋아하는 거 같은 게 아니라
그냥 좋아하는 거야.
'좋아하는 거 같아요.' 보다는
'좋아해요.'라고 말하는 게 훨씬
좋은… 거 같아요. ㅋㅋㅋㅋㅋ

네, 알았어요. ㅋㅋㅋㅋ
나는 포스트잇에 그림 그리는 걸 좋아해요.

그래.
앞으로도 자신 있게 말해.
자신 있게 말하면 행동에도 자신감이 붙거든.

〈인생은 말하는 대로 된다〉라는 책이 있어.
그 책에 이런 말이 나와.

누군가를 칭찬하거나 무언가에 감사하는 말을 통해서라도 자신이
가지고 싶은 것이나 이루고 싶은 일들을 끊임없이 생각하고 말하는
것이 꿈을 실현시키는 좋은 방법입니다.

'행복해서 행복하다고 말하는 게 아니라
행복하다고 말하면 행복해진다.'라는 말도 있잖아.
우리도 자신감이 넘치는 긍정의 언어로 말해보자고!
오늘은 내가 먼저 말해줄게.
"너는 포스트잇에 그림 그리는 걸 좋아해.
그리고 열심히 해 봐! 잘할 수 있을 거야!"

# 2장

그래?! 한번 해볼까?

그림을 열심히 그리던 꿈토는 갑자기 궁금해졌다.

'그런데 비전이란 도대체 뭘까?'

인터넷 창을 열고 영어 사전에서 'vision'을 검색한다.

1. [U] 시력, 눈; 시야
2. [C] 환상, 상상

환상? 상상? 상상하면 되나?

그럼, 상상해보지 머!

내가 그림을 그리고 있다. 그 그림들을 모아서 책으로 만들었다. 서점에서 저자 사인회를 하고 있다. 내 사인을 받기 위해 사람들이 길게 줄을 서 있다.

ㅋㅋㅋㅋ 어느새 가슴이 벅차오르고, 흐뭇하고, 행복해진다.

'그래, 한번 해 보지 머.'

꿈토는 결심했다.

'좋아하는 걸 아예 몰랐던 때도 있었잖아. 그런데 지금은 알고 있잖아. 노력하다 보면 내 눈앞에 꿈이 펼쳐질지도 몰라. 더군다나 힘을 주는 멘토도 생겼고, 언제나 내 편인 열토도 있잖아. 해보는 거야! 칼을 꺼냈으니 무라도 잘라 봐야지!'

꿈토는 다시 펜을 들고 그림을 그린다.

꿈토의 눈은 반짝거렸고 마음은 설레기 시작했다.

비멘님! 요즘은 열심히 그림을 그려요.
보통 때는 고민이 많은데,
그림 그릴 때만큼은 아무 생각도 나지 않거든요.

응. 맞아. 나도 그래!!
누구나 좋아하는 일을 하면
자신도 모르게 그 일에 풍덩 빠지게 되지.

나도 학생 때, 꿈을 찾는 건 상상도 못했어. 그냥 시키는 대로 공부를
했고, 그냥 밥을 먹었고, 그냥 학원을 다니고 그랬지. 그리고 그냥 국
어가 좋아서 국문과에 가려고 했어. 그런데 고3 때, 내가 너무 한심
한 거야. 국문과를 가려고 정한 게 꿈인 줄 알았지만, 그 꿈은 대학교
를 졸업하면 사라지는 신기루 같은 생각이 들었어. 그저 진로를 정
한 것이지, 평생 품고 있을 만한 비전을 정한 건 아니었거든. 그래서
담임선생님한테 말했어. "선생님, 저는 국문과를 가고 싶긴 하지만,
그게 제 꿈인지는 잘 모르겠어요." 그러니까 선생님이 묻더라. "네가
좋아하는 건 뭐니?"라고. 하루 종일 그 질문이 나를 따라다녔어. 내
가 좋아하는 건 도대체 뭘까? 몇 달을 고민했지. 그러던 중에 베프가
고민이 있다며 내게 찾아왔어. 그 친구는 나랑 이야기하면 마음이
편해진다고 했거든. 나는 그제야 내가 좋아하는 걸 찾아냈지. 내가
좋아하는 건 '상담'이었어. 상대방의 이야기를 듣고, 방법을 함께 고
민하고, 출구를 찾아주는 것. 나는 그 일이 참 즐거웠어. 그래서 '상
담심리학과'로 진로를 바꿨지. 나는 앞으로도 많은 사람들의 멘토가
되고 싶어.

네가 좋아하는 일이라면 희망을 가져 봐.
소유를 희망하는 것이 아니라 희망을 소유해보는 거지.

비멘님도 저 같은 시절이 있었군요.
무척, 힘이 됩니다요. ㅋㅋㅋㅋㅋ
저는 요즘 사랑하는 게 생겼어요. 내 그림이죠. ^^
요즘 내 그림을 보면 사랑이 퐁퐁 솟아나는 느낌이 들거든요.

사랑이 퐁퐁… ㅋㅋㅋㅋ
재밌는 사실 하나 말해줄까?
물이 퐁퐁 바뀐다는… ^^

〈물은 답을 알고 있다〉 라는 책을 보면 물에 관한 신기한 이야기가
나와. 집에서 수돗물을 두 개의 컵에 담아 놓고, 한 개의 컵에 담긴
물에게 매일같이 긍정적인 말을 해주는 거야. 이를 테면, 너는 예쁘
다. 너는 멋있다. 너는 맑고 투명하고 신선하다. 너는 킹왕짱이야. 머
이런 말들… ^^ 그리고 다른 한 개의 컵에 담긴 물에게는 완전 부정
적인 말들을 해주는 거지. 너는 못났어! 더러워! 지저분해! 꼴보기
싫어!! 그럼 어떻게 될까?

긍정적인 말을 들은 물은 지리산 약수터에서 나오는 맑은 1급수로
바뀌고, 부정적인 말을 들어온 물은 하천에 고여 있는 더러운 5급수
의 물로 바뀐대.

완전 신기하지. ^^ 이뿐만이 아니야. 사랑과 감사의 말을 들려준 물
의 결정체는 선명하고 예쁜 육각형을 이루고, 욕설과 꾸지람을 들려
준 물의 결정체는 무참히 깨져버리기도 한다는 거지.

사랑해서 사랑한다고 말할 수도 있겠지만, 자꾸 사랑한다고 말하면
정말 사랑하게 되기도 하거든. 그림뿐 아니라 네가 사랑하는 사람들
에게 사랑한다고 말해 봐. 주위가 행복 에너지로 가득 찰 거야.

열토에게는 자주 그렇게 해요.
쪽지에 그림을 그려서 사랑한다는 메시지와 함께 보내거든요.
그런데 아빠한테는 그게 잘 안 돼요. 아빠는 너무 바쁘고 이야기할 시간도
없어요. 그래서 아빠만 보면 그냥 화가 나요. -_-;;;

저런… 참 안타까운 이야기구나. ㅜㅜ
그런데 꿈토야!
아빠도 너와 대화하고 싶은 마음이 있다는 생각은 안 해봤니?

〈연탄길〉이라는 책을 지은 이철환 선생님의 이야기야. 선생님이 초
등학생 때, 아버지가 운영하던 고물상이 문을 닫게 되었고 집안 형
편도 어려워졌대. 아버지는 무척 절망한 상태였지. 생계 때문에 우유
배달을 하다 팔을 다쳐 깁스까지 하고 계셨대. 비가 많이 내리던 어
느 날, 아버지는 밖으로 나가 늦도록 돌아오지 않으셨어. 가족들은
아버지를 찾아 헤맸지. 한참 후 지붕 위에 쪼그리고 앉아 계신 아버
지를 발견할 수 있었대.

아버지는 지붕 위에서 새벽이 될 때까지 가족을 위해 우산을 받치
고 계셨던 거야. 지붕에 구멍이 나서 빗물이 집안으로 떨어지고 있
었거든.

흠… 나는 이 이야기를 듣고 나서 나의 아버지를 조금 이해할 수 있
었어. 아버지란 자식들에게 삶을 내어주는 사람이라는
생각이 들었지. 방식의 차이는 있지만 말이야.
꿈토 아버지도 다르지 않을 거야.
어떤 방식으로든 널 사랑하고,
너를 위해 삶을 양보하고 계실 거야.
그리고 그 사실을 네가 알아주길 바라실 거야.

글쎄요··· 하지만 저는 아직 잘 모르겠어요.
아빠랑 대화해 본 적이 언제인지 기억도 안 나는 걸요.
아빠도 비멘님 같으면 얼마나 좋을까요··· ㅠㅠ

우선 아빠랑 이야기를 나눠 봐.
상처 입은 관계에는 대화만큼 좋은 약이 없거든.

우리 시대 최고의 걸 그룹(음··· 이건 개인적인 의견이야. ^^) 소녀시
대가 인터뷰에서, 많은 맴버에도 불구하고 잡음 없이 팀워크를 유지
할 수 있는 비결에 대해 이렇게 말했대.

"무엇보다도 대화가 가장 중요해요. 솔직한 대화는 오히려 상대방에
게 믿음을 줄 수 있거든요. 대화를 하고 나면 지나간 시간 모두가 다
감사하게 느껴져요. 그런 시간들이 없었다면 우리 팀워크가 이렇게
까지 좋지는 않았을 거예요."

그리고 티파니도 이렇게 말했어. "우리는 휴대폰 메신저로 방을 만
들어 늘 대화를 주고받아요. 항상 대화를 하기 때문에 불만이 크게
쌓일 일이 없는 거죠."

가정이란 사회의 가장 작은 집단이야.
사람은 가족 구성원과의 관계를 통해 사회성이 발달되지.
대화가 단절되면 가정은 물론 사회에서도 사람들과 원만한 관계를
맺기 힘들어져. 대화란 상대방의 생각과 내 생각을 교환하는 거야.
아빠와 생각을 교환해 봐. 너의 생각도 전달하고,
그리고 아빠의 생각도 이해하고 그러면
좀 더 편해지지 않을까?

네네··· 쫌 있다···
나중에 해볼게요.

그냥 지금 해 보지?
머 그런 걸 미뤄. 그냥 말하면 되는 건데.
뭐든 마음먹었을 때 해야지.

어떤 여자가 경찰서에 와서는 실종신고를 했대. 남편이 실종되었다
면서 말이야. 그래서 경찰이 물었지. "실종된 지 얼마나 되었습니
까?" "네. 아마 20년쯤 된 것 같습니다." "20년요? 그런데 왜 이제나
신고하십니까?" 경찰이 놀라서 물었지. 그러자 여자가 이렇게 대답
했대.

"오늘 갑자기 외로워졌거든요!"

ㅋㅋㅋㅋ
미루고 미루다가 20년이 지나서 실종신고를 한 거지.
진짜 그날 갑자기 외로워졌던 건 아닐 거야. ^^
아무튼 그 전에는 참을 만해서 그냥 있다가 정말 못 참을 상태가 되
어서 경찰서에 찾아왔지만, 이미 너무 늦었잖아. 20년 전에 실종된
사람을 무슨 수로 찾겠어. 찾더라도 아마 엄청 오래 걸릴 거야.
그러니까 꿈토 너는 너무 늦지 않게 행동하라고.
현명하고, 지혜롭게!!

혈액형 때문인가요? 제가 A형이거든요.
친구들은 '트리플 에이'라고 부르기도 해요. 엄청 소심하거든요.
그리고 타로점에서도 성격을 바꿔야 한다고 나왔구요.
저도 고치고 싶은데, 생각만 할 뿐 실행이 쉽지 않아요.

음… 혈액형이나 타로점? 그런 건 재미로 보는 거지, 거기에 너무 얽매이지는 마. 내가 파일을 하나 보낼게. 새로 나온 성격유형검사야. 'BM성격검사'라는 건데, 작성해서 메일로 보내주면 내가 결과를 알려주지. 제법 정확해. 혈액형이나 타로점 보다 휠얼씬~ ㅋㅋㅋㅋㅋ

## BM성격검사

▶지금부터 나올 문제에서 자신에게 더 맞는다고 생각되는 번호를 골라 체크해주세요.

1.  나는 말부터 해놓고 나중에 가서 그 말을 후회하는 편이다.
    ①전혀 아니다 ②아니다 ③보통이다 ④그렇다 ⑤매우 그렇다.

2.  논쟁을 하더라도 필요하면 내 주장을 굽히지 않는다.
    ①전혀 아니다 ②아니다 ③보통이다 ④그렇다 ⑤매우 그렇다

3.  자주 겁을 먹고 무서움을 느낀다.
    ①전혀 아니다 ②아니다 ③보통이다 ④그렇다 ⑤매우 그렇다

4.  자주 소화가 잘 되지 않고 배 속이 불편하다.
    ①전혀 아니다 ②아니다 ③보통이다 ④그렇다 ⑤매우 그렇다

5.  잘 알지 못하는 사람에게 말을 거는 것은 피하려 한다.
    ①전혀 아니다 ②아니다 ③보통이다 ④그렇다 ⑤매우 그렇다

6.  나는 매사에 결단력 있다고 생각한다.
    ①전혀 아니다 ②아니다 ③보통이다 ④그렇다 ⑤매우 그렇다

7.  나는 내 삶이 충만하고 의미가 있다고 생각한다.
    ①전혀 아니다 ②아니다 ③보통이다 ④그렇다 ⑤매우 그렇다

8.   내가 먹고 있다고 의식하지 못한 채, 종종 간식을 먹는 때가 있다.
①전혀 아니다 ②아니다 ③보통이다 ④그렇다 ⑤매우 그렇다

9.   나는 처음 보는 사람의 이름을 거의 듣는 동시에 잊어버린다.
①전혀 아니다 ②아니다 ③보통이다 ④그렇다 ⑤매우 그렇다

10.   나는 지금 현재 일어나고 있는 일에 집중하는 것이 어렵다.
①전혀 아니다 ②아니다 ③보통이다 ④그렇다 ⑤매우 그렇다

11.   계속 내 머릿속으로 뛰어 들어오는 생각들이 있다.
①전혀 아니다 ②아니다 ③보통이다 ④그렇다 ⑤매우 그렇다

12.   때때로 나는 자꾸 떠오르는 생각을 떨쳐내는 데 많은 시간을 쓴다.
①전혀 아니다 ②아니다 ③보통이다 ④그렇다 ⑤매우 그렇다

13.   아무에게도 말하지 않은 생각들을 많이 갖고 있다.
①전혀 아니다 ②아니다 ③보통이다 ④그렇다 ⑤매우 그렇다

▶다음에 나올 세 가지 문제에서 A, B 문항 중 자신에게 더 잘 맞는 문장을 선택하세요.

A.   나는 사람들에게 영향력을 행사하는 타고난 능력이 있다.
B.   나는 사람들에게 영향력을 주지 못한다.

A.   내가 세상을 다스린다면 세상은 훨씬 더 살기 좋은 곳이 될 것이다.
B.   내가 세상을 다스린다는 것은 생각만 해도 너무 겁나는 일이다.

A.   나는 다른 사람의 마음을 훤히 읽을 수 있다.
B.   사람들은 때때로 이해하기 어렵다.

수고하셨습니다.
본 검사는 약식으로 행하는 검사이므로 실제 검사와 차이가 있을 수 있습니다.
더 정확한 검사를 원하시는 분들은 담당 연구원을 통해 문의하시기 바랍니다.

출처 : BM성격검사연구소

검사지에 체크해서 보냈어요.
결과 빨리 알려주세요. 궁금해요.^^
그리고 아빠한테 연락 못했어요. 강의 일정이 바쁘시다고 하더라고요.
열토는 오늘도 아빠랑 이메일을 주고받았대요. '이메일 상담'이래요.
그 소리를 들으니까 막 화가 나요.
나는 돌봐주지도 않으면서, 다른 아이들은 다 상담해주고…
ㅜㅜ 속상해요.

꿈토야…

'버프(buff)'라고 혹시 들어 봤니? RPG 게임에서 캐릭터의 스펙을 향상시켜주는 마법류를 통칭하는 말이지. 버프의 사전적 의미는 열광자 또는 팬인데, 마법으로 열광자나 팬처럼 캐릭터를 지지해준다는 의미로 쓰여. 나는 말이야. 부모님께 '버프'를 참 많이 받는 거 같아. 어떤 부모님이나 마찬가지일 걸.

아마 너희 아빠도 너에게 '버프'를 주고 계실 거야.
아빠의 응원을 네가 모르고 지나치거나, 모른 척하고 싶을 뿐이지.
그리고 검사 결과는 3일 후에 나오니까 조금만 기다려.
그리고 내가 보니까 너 질투하는 거 같은데?
아빠랑 열토가 상담한 일을 말이야.
질투는 사랑하기 때문에 일어나는 감정이라고 알고 있는데…
너도 아빠를 사랑하는 거였음 좋겠다.
아마 너희 아빠도 그럴 테니까. ^^

맞아요. 저도 버프를 받고 있어요.
바로 비멘님한테요. ♡♡
열토한테도 받고 있는 거 같고요.
그리고 말도 안 돼요!! 질투라뇨!!
내가 얼마나 아빠를 싫어하는데요! ㅠㅠ

끄응…
꿈토야!!

지난번에 〈물은 답을 알고 있다〉라는 책 이야기해 준 적 있지? 그 책의 저자 에모토 마사루씨가 물이 담긴 컵에 '사랑해'라는 말을 반복해서 말했대. 그리고 다른 컵에 담긴 물에다는 '너! 미워!'라고 반복해서 소리쳐 말했다네. 그리고는 현미경으로 물 입자를 관찰했더니 놀라운 결과가 나왔대.

'사랑해'라고 말한 컵 속에 담긴 물 입자는 굉장히 아름다운 모습을 하고 있었고, 반대로 '미워해'라고 말한 물 입자는 블랙홀 같은 모습을 하고 있었다는 거지.

정말 싫고 미워도, 그렇게 말하지는 마!
네 말 때문에 아빠 마음이 블랙홀처럼 변하면 너무 슬프지 않을까?
그리고 말이야. 진짜 싫어하면 관심도 없어져.
그런데 너는 자꾸 아빠 이야기를 꺼내잖아.
네 마음을 잘 살펴 봐. 네가 정말 아빠를 싫어하는 건지…
아니면, 끊임없이 사랑하고 싶어서 그러는 건 아닌지…

몰라요. 그게 진짜 내 맘이라고 해도 지금은 인정하고 싶지 않아요.
요즘은 그림을 그리는 게 행복해서 다른 생각은 하고 싶지 않아요.
오늘은 모나리자 쌤에게 그림을 빼겨서 조금 슬펐지만요.
수업종이 울린 지도 모르고 계속 그림을 그렸거든요. ^^;;

옛날에, 호두 농사를 짓는 농부가 신에게 찾아와 이렇게 부탁했대.
"저에게 일 년만 날씨를 맡겨 주십시오. 딱 일 년 동안만 내 뜻대로
날씨를 바꿀 수 있도록 해주십시오." 농부가 하도 간곡히 사정하는
바람에 신은 그가 일 년 동안 날씨에 대한 모든 것을 조종할 수 있도
록 허락해 주었지. 일 년 동안은 정말 농부의 마음대로 날씨를 바꿀
수 있었어. 그가 따사로운 햇볕을 원하면 햇빛이 나타났고, 시원하고
촉촉한 비를 원하면 비가 내렸지. 호두알을 떨어트리는 바람도 천둥
도 없었어. 모든 게 순조로웠지. 농부가 하는 일이라고는 나무 그늘
아래 누워서 잠을 자는 것뿐이었지. 이윽고 가을이 찾아왔어. 호두는
상상할 수 없을 만큼 대풍년이었어. 농부는 기쁨에 들떠 호두 하나
를 먹으려고 깨트려 보았어. 그런데 세상에! 알맹이가 하나도 없잖
아! 농부는 털썩 주저 앉고 말았지. 농부는 빈껍데기 호두를 가지고
신을 찾아가 어찌된 일이냐고 따졌어. 그러자 신은 빙그레 웃으면서
말했지.

"도전이 없는 것에는 알맹이가 없는 법이다. 폭풍 같은 방해도 있고
가뭄 같은 갈등도 있어야 껍데기 속 영혼이 깨어나 여무는 것일세."

폭풍 같은 방해와 가뭄 같은 갈등은
네 꿈을 이루는 데 도움이 되는 고마운 것들이야.
작은 시련들이 오히려 널 더 단단하게 만들어 줄 거야. ^^
그런데 궁금한 점! 왜 쌤 별명이 '모나리자'야?

일단 눈썹이 없고요, 그리고 표정도 없거든요.
공부밖에 모르세요.
공부 잘하는 아이들만 좋아하거든요.

표정이 없는 건 너무 슬픈 일이네.
표정이 사람의 마음을 지배하기도 하거든.
그래서 나는 많이 웃는 편이야.
정말 웃을 일이 없을 때는 이로 볼펜을 물고 있기도 해.
이로 볼펜을 물면 자연스레 입 꼬리가 올라가고
웃는 표정이 되거든. ㅋㅋㅋㅋㅋㅋㅋㅋㅋ

독일 만하임 대학의 심리학자 프리츠 스트라크 박사는 92명의 학생
들을 대상으로 실험을 실시했어. 실험은 세 그룹으로 나누어 진행됐
는데 두 그룹은 펜을 입술과 이로 물은 채, 나머지 한 그룹은 펜을 손
에 쥔 채로 만화를 읽도록 했어. 일부러 미소 지어야 한다는 조건은
없었고, 실험내용은 철저히 비밀로 했지. 실험결과, 펜을 이로 물고
만화를 본 학생들이 제일 많이 웃었고 재미있다는 평가를 했어.

꿈토야, 웃어 봐.
긍정의 힘은 정말 큰 거야.
억지로 웃어도 기분이 업업 되거든.
정말 즐거워 웃으면 엄청 행복해질 거 같지 않아?
정 안 되면 나처럼 이로 볼펜을 물면서 연습해.
단, 입술로 물면 절대 안 돼.
입술로 물면 자연스레 입 꼬리가 아래로 향하고
얼굴은 불만스런 표정으로 바뀌거든. ^_____^ 해 봐!

좀 뜬금없는 질문이긴 한데…
비멘님은 공부 잘했어요?

그건 1급 비밀인데, 너한테만 말해줄게.

다른 사람이 그런 질문을 하면 나의 대답은 항상 똑같아. "10등 안에는 못 들었어." 라고 대답하지. 사실은 말이야. 30등 안에도 못 들었어. ㅠㅠㅠ 그런데 왜 거짓말하냐고? 아니! 30등 안에 못 들었으니까 10등 안에도 못 든 게 맞잖아. ㅋㅋㅋㅋㅋㅋ

생각보다는 못했지? 그래도 중간은 한 거야.

우리 어렸을 때는 한 반에 거의 60명이었거든.

내 별명은 '개구멍'이었어. 내가 개구멍 하나는 기가 막히게 뚫었으니까. 개구멍이 뭐냐고? 학교 후문 쪽으로 가면 철망으로 된 벽이 있었는데, 그 벽의 일부분을 뚫는 거야. 딱 한 사람만 드나들 수 있도록 말이야. 그리고 풀이나 나뭇가지로 구멍을 살짝 가려놓지. 그게 개구멍이야. 우리는 개구멍을 통해서 야자 시간이나 쉬는 시간에 밖으로 나갔어. 간식을 사먹고 돌아오기도 했고, 야자가 하기 싫어서 줄행랑을 치기도 했지. 그러다가 에이즈 선생님한테 걸리면 완전 죽음이었지만 말이야. 왜 에이즈 선생님이냐고? 걸리면 죽으니까! ㅋㅋㅋㅋㅋ 그 선생님 얼굴은 지금 생각해도 무서워. 얼마나 혼났는데.

꿈토야,

사람의 삶은 세월을 밟고 지나면서 만들어지는 거야.

처음부터 완성된 사람은 없어. 너희 나이 때의 공부가, 혹은 어떤 스펙이, 너희를 결정지어 줄 수는 없어.

이제부터 잘 만들어 가!

넌 분명히 잘할 수 있어!!!

네! 매번 힘을 주셔서 감사해요.
오늘도 열심히 그럴게요. 내 꿈을 위해서! ^^

그래, 한번 죽어라 해 봐!!

노력이란 하나의 점이래. 노력할 때마다 점은 무수히 늘어나게 되고, 그 점들이 어느 날 하나의 선으로 연결되는 거야. 그 선이 완성되는 날, 너만의 천재성도 만들어질 거야. 천재는 타고 난 것도, 하루아침에 되는 것도 아니거든.

타고 난 천재라고 해도 아무 노력도 하지 않는다면 결국 평범해지고 말지.

꿈토야,
네 마음 구석구석에,
네 머릿속 여기저기에 너의 노력들이 차곡차곡 쌓여서,
어느 날 하나의 선으로 쭈욱~ 연결될 거야.
그때, 너만의 특별한 포스가 뿜어져 나올 거고!!
요즘 들어 무엇이든 열심히 하는 네 모습이 정말 보기 좋단다.
퐈이야!!

# 다중 성격검사 결과

사람들이 당신을 좋아하거나 존경했으면 좋겠다고 생각하는 마음이 있지만 자신에게는 너무 비판적이다.

당신은 잠재적인 능력이 있지만, 그것을 아직 살리지 못하고 있다. 비록 약점은 있지만 그것에 대한 대응책이 있어 걱정할 필요는 없다.

겉으로 보기에는 스스로를 잘 통제하는 것 같지만 사실 늘 그렇지 않다. 때때로 당신의 결정이 옳았는지 고민한다.

당신은 변화와 다양성을 선호하지만, 목표를 이루지 못할 때도 종종 있다.

당신은 자신이 독립적으로 사고하는 사람이라고 생각하기 때문에 확실한 증거가 없이는 사람들의 말을 듣지 않는다.

당신은 다른 사람들에게, 자신을 있는 그대로 드러내는 것이 현명하지 못한 일이라 생각한다.

때때로 당신은 외향적이고 붙임성 있으며 사교적이지만, 때로는 내향적이고 사람을 경계하기도 한다.

당신의 소원 중 어떤 것들은 매우 현실적이다.
편안하게 살고자 하는 것은 당신 인생에서 중요한 목표 중 하나다.

그래?
그럼 심리학에 관한 재미있는 이야기를 하나 들려줄게!
그리고 나서 BM 문의처를 알려주지. ^^

19세기 말 미국에 바넘이라는 사람이 있었어. 그는 관객들의 성격을
알아맞히는 마술로 유명했어. 관객들은 그가 속임수를 쓴다고 의심
하며 무대로 나갔지만, 이내 감탄하며 그의 추종자가 되곤 했지. 그
리고 그 후 100년이 지날 때까지 아무도 바넘이 했던 마술의 비밀을
밝혀내지 못했어. 100년이 지나고 나서야 바넘이 어떻게 사람들의
성격을 맞혔는지 알게 되었지.

그 비밀을 밝힌 사람은 포러라는 심리학자야. 포러는 학생들에게 자
신이 제작한 성격검사지를 나눠 주었어. 그리고 '검사결과가 자신의
실제 성격과 얼마나 일치하는가?' 라고 질문했는데 대부분의 학생이
매우 일치한다고 대답했지. 그런데 사실 모든 학생들은 같은 결과지
를 받았어.

사람들이 당신을 좋아하거나 존경했으면 좋겠다고 생각하는 마음이 있지만 자
신에게는 너무 비판적이다.

당신은 잠재적인 능력이 있지만, 그것을 아직 살리지 못하고 있다.
비록 약점은 있지만 그것에 대한 대응책이 있어 걱정할 필요는 없다.

겉으로 보기에는 스스로를 잘 통제하는 것 같지만 사실 늘 그렇지 않다. 때때로
당신의 결정이 옳았는지 고민한다.

당신은 변화와 다양성을 선호하지만, 목표를 이루지 못할 때도 종종 있다.

당신은 자신이 독립적으로 사고하는 사람이라고 생각하기 때문에 확실한 증거가 없이는 사람들의 말을 듣지 않는다.

당신은 다른 사람들에게, 자신을 있는 그대로 드러내는 것이 현명하지 못한 일이라 생각한다.

때때로 당신은 외향적이고 붙임성 있으며 사교적이지만, 때로는 내향적이고 사람을 경계하기도 한다.

당신의 소원 중 어떤 것들은 매우 현실적이다.
편안하게 살고자 하는 것은 당신 인생에서 중요한 목표 중 하나다.


어때?
어디서 많이 본 거 같지? ㅋㅋㅋㅋ
우선 충격 흡수부터 하고 다시 메일 보내줘.
바로 답장할게.

헐! 대애박~~

그래. 미안해!!
그런데 처음에 나도 속았고,
모든 사람들이 속았으니까 창피해하지는 마.
그리고 깨달음도 있으니 진정하고 이 이야기 좀 들어 봐.

사람들은 애매하고 일반적인 상황을 자신의 입장에 맞춰서 해석하
려는 경향이 있어. 누구에게나 해당되는 일반적인 성격특성을 자신
에게만 해당되는 말로 받아들이는 경향. 점쟁이들이 얼렁뚱땅하는
말을 자신을 꿰뚫어보고 하는 말이라 믿는 것. 혈액형별 성격을 모
호하게 얘기해도 모두 자신의 특성을 설명하는 것으로 착각하는 현
상. 이것을 심리학자들은 '바넘효과' 혹은 '포러효과'라고 불러.

사주를 보러가거나 성격검사를 하는데 '당신은 외향적이고 붙임성
있지만 가슴 깊은 곳엔 소심한 면도 있다.'라는 등 애매한 말을 하면
수긍하게 되잖아. 그래서 '바넘효과'는 혈액형별 유형이나 각종 점
술, 타로점 등에 이용된대.

꿈토야,
그동안 너만의 특성이라고 믿고 있던 혈액형별 유형이나 타로점의
결과를 과감히 버려보는 건 어때?
그럼 더욱 너만의 방식으로 해결할 수 있을 거야.
너의 꿈도, 열토와의 우정도, 아빠와의 사랑도…

우와! 알겠어요. 버넘효과보다는 꿈토효과를 누려보도록 노력할게요. 그런데 그럼 BM은 뭐예요? 바넘의 줄임말?

아니, 비밀 멘토의 줄임말!

아 뭐예요! 완전 속임수네요!

나는 그래도 금방 들킬 속임수잖아. 100 년 동안 속였으면 어쩔 뻔했어.

알았어요. 암튼 고마워요.

ㅋㅋㅋㅋ 그래 그 감사함, 오래도록 잊지 말거라.

풉! 그럼 저는 그림 그리러 고고씽!!

하하, 그래, 오늘도 열심히!!!

네넹! ^_____^

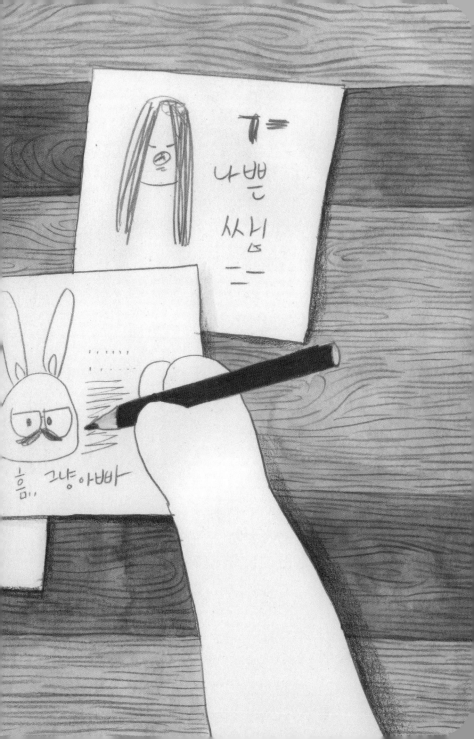

3장

부풀어 오른 꿈이, 빵!

「제 12회 청소년
만화 공모전」
그림쟁이를 꿈꾸는 10대
모두 모여라!

당선자
대상 상금 500만 원
우수상 상금 200만 원

심사위원: 만화가 강팔, 허백만, 조돌

당선자에게는 만화가 강팔의 신간에
참여할 수 있는 기회를 드립니다.

학교 앞에서 열토를 기다리다가 우연히 공모전 포스터를 보게 된 꿈토.

'내가 좋아하는 강팔 선생님의 책에 참여할 수 있다니! '

벌써 당선자가 된 듯하다. 가슴이 벅차오르고,
누가 마음속으로 들어가 북을 치는 것처럼 심장이 쿵쾅거린다.

"꿈토야, 오래 기다렸어?"

열토의 목소리가 들리자 정신이 드는 꿈토. 포스터를 가리키며 묻는다.

"아니. 아니야! 열토야, 나 이거 해볼까?"

"와! 좋은 기회네! 해 봐! 이거 해서 당선되고,
만화애니메이션학과에 지원해 보면 어때? 그럼 정말 좋겠다!"

"그런 과도 있어?"

"뭐야! 몰랐어??"

"응… 그런데, 내가 잘할 수 있을까?"

"오브 코오스~ 너 그림 잘 그리잖아"

열토는 꿈토의 손을 잡는다.
꿈토는 활짝 웃으며 생각한다.

'그래, 어쩌면…'

청소년 만화 공모전 포스터를 봤어요.
공모전에 제 그림을 내고 싶어요.
그런데 이런 게 처음이라···

1897년 파리에서 열린 전시회에 어떤 남자가 그림을 출품했어. 하지만 사람들은 그 그림을 보며 비웃었지. 사람들이 보기에 그의 그림은 한심하기 짝이 없었거든. 평론가들도 악평을 퍼부었어. 그러나 그는 끝없는 비난과 조롱에도 아랑곳하지 않고 말했지. "내 작업 방식에 대해 당신이 어떻게 생각하는지 모르겠지만 저는 마치 꿈을 꾸고 있는 것 같습니다." 그는 어떤 평가에도 자신감을 잃지 않았어. 그리고 지금까지도 사람들은 그의 그림을 평가하지. 계속 비난하고 있냐고? 아니, 칭찬일색인 걸. 그의 그림은 낯익은 소재와 아이 같은 상상력이 자유롭게 결합해 있다는 평가를 받고 있거든.

그의 이름은 앙리루소. 초현실주의라는 새로운 화풍의 문을 열었지! 그가 처음 출품해서 비난을 받았던 그림의 제목은 〈잠자는 집시여인〉, 이 그림은 지금 뉴욕현대미술관에 걸려있지.

승자는 눈을 밟아 길을 만들지만,
패자는 눈이 녹기를 기다린다고 해.
탈무드에 나오는 말이야.
너도 눈을 밟아 봐.
사각사각 소리에 신나서 자꾸자꾸 걷고 싶어질걸.

흐음. 그래요??
아직도 저를 믿지는 못하겠지만
그래도 해보고 싶긴 해요. ^^;;

일본에 '빛의 교회'라는 건물이 있어.
그 교회에는 십자가가 없고, 벽에 십자가 모양의 창이 나 있을 뿐이
야. 햇볕이 그 창을 통해 스며들면 십자가 모양의 그림자가 드리워
져. 나는 사진으로 그 모습을 봤는데, 얼마나 아름답던지….
그 모습에 푹 빠져서 그 건물을 디자인한 건축가를 검색해 보기도
했지. 그 건축가의 이름은 안도 다다오였어.

안도 다다오는 독학으로 건축공부를 시작했대. 고졸의 그에게 건축
가라는 꿈은 너무 멀리 있었지. 그의 도전을 보는 사람들은 무모하
다고 생각했을 거야. 하지만 그는 무모한 도전을 거침없이 실행했어.
동네 인테리어 가게에서 가구를 만드는 일로 기초를 닦고, 유명 건
축가들의 책을 닳아버려 볼 수 없을 정도로 읽었어. 그리고 도면을
수백 번 그리며 실력을 쌓았지. 유명한 건축물을 보기 위해 유럽, 미
국, 아프리카 등 세계 여러 곳을 다니기도 했어. 그리고 여러 공모전
에서 매번 탈락하는 역경을 겪었지. 그래도 끊임없이 노력하고 도전
한 끝에 그는 건축연구소를 설립했어. 그때, 그의 나이는 불과 29세
였지.

꿈토야,
나는 말이야.
무슨 일이든 하면 된다고 생각해.
도전해 봐! 내가 응원할게.
파이팅! 파이팅! 우리 꿈토, 파이팅!

하긴 과외쌤도 그랬어요. 꿈을 찾아 떠난다고.
저는 이해할 수 없었어요. 과외쌤은 S대학교에서 수학을 전
공하는 학생이거든요. 그런데 사진작가가 되고 싶어서 공부를
접고, 사진을 찍으려 간다니… 어떻게 그럴 수 있을까요?

〈세 얼간이〉라는 인도 영화가 있어. 성적과 취업만을 강요하는 학교를 발칵 뒤집어 놓은 란초, 아버지가 바라는 '공학자'가 되기 위해 정작 본인이 좋아하는 일은 포기하고 공부만 하는 파파보이 파르한, 병든 아버지와 식구들을 책임지기 위해 무조건 대기업에 취직해야만 하는 라주가 등장하는 영화지. 그 중에서 파르한은 사진작가가 되고 싶은 꿈을 가지고 있었어. 하지만 아버지는 파르한이 태어날 때부터 공학자가 되기를 바랐지. 결국 아버지의 꿈을 따라 일류 명문대학교에서 공학을 공부하지만, 결국 꿈을 찾아 떠나겠다고 결심했어.

"돈은 덜 벌겠죠. 집도 더 작고 차도 더 작겠죠. 하지만 저는 행복할 거예요. 정말 행복할 거예요"

파르한이 아버지를 설득하며 한 말이야.

과외쌤도 아마 더 행복해지고 싶어서 꿈을 쫓아갔을 거야.
그리고 너도 꿈을 따라 살면 행복할 수 있을 거야.
남들보다 작은 집에 살더라도, 작은 차를 타더라도,
행복하면 되는 거 아니야?

네, 저도 제가 좋아하는 그림 그리면서 행복해지고 싶어요.
그런데 궁금한 게 있는데요. 말할까 말까 엄청 고민했지만,
너무 궁금해서요. 혹시 비멘님… 과외쌤 아니에요?
맞죠?? 맞죠!!

난 비멘이야. 그래서 그건 비밀이지. ㅋㅋㅋㅋㅋ
꿈토야, 난 〈그들이 사는 세상〉이라는 드라마를 재밌게 봤었는데.
거기에 이런 대사가 나와.

왜 어떤 관계의 한계를 넘어야 할 땐 반드시 서로의 비밀을 공유하
고 아픔을 공유해야만 하는 걸까? 그냥 어떤 아픔은 묻어두고 깊은
관계를 이어갈 수는 정말 없는 걸까? 그럼 나는 이제 그와의 더 깊은
관계를 유지하기 위해서는 정말 그 누구에게도 할 수 없었던 엄마에
대한 얘기를 해야만 하는 걸까? 그러고 보니 지난 사람에게도 난 아
무 얘길 한 적이 없었다. 정말 서로의 아픔에 대한 공유 없이는, 그
어떤 관계도 친밀해질 수가 없는 걸까?

나는 이 내레이션을 들으며 "YES!"라고 대답하고 싶었어.
비밀과 아픔을 공유하면 더욱 친해질 수 있다고 생각해.
그래서 꿈토에게도 내 정체를 밝히고 이런저런 아픔들도 공유하고
싶어. 그런데 지금 말고, 나중에 그렇게.
지금은 너의 꿈을 지원하고 응원하는 데 집중하고 싶단다. 괜찮지??

네, 아무래도 상관없어요.
비멘님은 존재만으로도 소중하니까요.^^
저 요즘 그림 정말 열심히 그리고 있어요. 공모전에 캐릭터 부문이 있는데요. 꿈토 캐릭터를 만들고 있어요. ㅋㅋㅋㅋㅋ

옛날에 정말 우물을 잘 파는 사람이 있었대. 이 사람이 우물을 하도 잘 파니까 사람들이 묻곤 했대. 무슨 비결이 있느냐고 말이지. 그 사람의 대답은 항상 같았대.

"제가 우물을 잘 파는 비결은 물이 나올 때까지 파는 것입니다."

다른 사람들은 우물을 파다가 물이 안 나오면 금방 포기하곤 했는데, 이 사람은 달랐던 거야. 한 번 파기 시작하면 물이 나올 때까지 팠던 거지.

꿈토야,
조금 살아보니까 말이야,
삶의 비결이라는 게 별로 없어.
좋아하는 일을 하고, 잘 하기 위해서 무진장 노력하고…
그러다보면 길이 보이고, 그 길을 열심히 걷다 보면 바다도 보이고,
숲도 보이는 거지.
열심히 노력해!
노력만이 정답이야!

크크, 역시 힘을 주시는 비멘님!
사실 오늘 좀 우울했었는데, 비멘님 덕에 힘이 났어요.

왜 우울했는데?

열토에게 조금 서운한 일이 있었거든요.

열토라면, 저번에 이야기했던 너의 베프?
수학교수가 되는 게 꿈이라던?

네. ㅠㅠ 하나밖에 없는 저의 베프죠.

그런데 뭐가 서운했던 거야?

열토는 공부를 잘하니까 공부를 잘하는 친구들이
많아요. 오늘 열토가 그 친구들이랑 공부이야기를 하고
있었어요. 제가 가까이 갔는데도 모르더라고요.

못 봤겠지.

네. ㅠㅠ 그랬을 거예요. 열토가 무지 즐거워 보여서 제가
아무 말도 못 걸었거든요. 갑자기 그런 생각이 들었어요.

무슨 생각?

열토는 공부를 잘하는 친구들을 더
좋아할지도 모른다는… ㅠㅠ

음...

저 혼자만의 생각일 수도 있겠지만… 서운하고 속상했어요.

응! 마음 풀어! 마음이 콧구멍이면 좋을 텐데.
속상함이 고이면 "흥!"하고 풀어버릴 수 있게.

ㅋㅋㅋㅋ 그러게요 ㅠㅠ

속상함이 고여도 풀어버릴 수 없어서 더 속상하지만,
그래도 지혜롭게 풀 수 있도록 노력해야지!

네 ㅠㅠ 참! 오늘 공모전에 그림 보냈어요!
열토한테도 그 이야기해주려고 한 건데 ㅠㅠ

아! 정말 수고했어!! 오늘은 푹 잘 수 있겠네!

네! 그림 보내고 나니까 급 졸린 거 있죠?

ㅋㅋㅋㅋ 그럴 거야. 긴장이 풀려서. 그럼 오늘은 일찍 자.

넹. ^^ 비멘님도 안녕히 주무세요.

그래, 좋은 꿈!

ㅋㅋ 네넹!

오늘도 열토는 그 친구들하고만 이야기했어요. ㅠㅠ
저를 싫어하는 건 아닐까요? ㅠㅠ

나도 학교 다닐 때, 열토 같은 베프가 있었어. 1학년 때 같은 반이어서 친해졌는데, 2학년 때 다른 반이 돼서 무척 아쉬웠지. 그래도 우리의 우정은 흔들리지 않았어. 쉬는 시간마다 만나서 이야기하고, 쪽지를 주고받고, 집에 갈 때도 항상 같이 갔지. 지금까지도 친하게 지내는데, 그 친구랑도 오해가 생긴 적이 있었어. 고 2 때였던 거 같은데. 아빠가 생일선물로 CD플레이어를 사준다고 했어. 지금은 MP3로 음악을 듣지만, 그 때는 CD플레이어를 가지고 다녔거든. 그런데 그게 너무 비싸서 가지고 있는 친구들이 몇 명 없었어. 그걸 아빠가 사준다고 하니까 신이 나서 친구한테 자랑을 했지. 그리고 얼마 후에 친구가 묻는 거야. "너 저번에 '자랑했던' CD플레이어 샀어?" 난 '자랑했던'이라는 말이 조금 거슬렸었어. 내가 '자랑해서' 친구가 기분 나쁜 줄 알았거든. 그리고 며칠 동안 뾰로통해서 말을 안 했지. 그랬더니 며칠 후에 그 친구가 내가 좋아하는 가수의 CD와 편지를 주는 거야. 편지에는 이렇게 쓰여 있었지.

「네가 CD플레이어 사면 제일 먼저 CD를 선물하고 싶었어. 그래서 CD플레이어 샀냐고 물어봤던 거야.」

그 편지를 보면서 내 얕은 마음이 얼마나 무안했던지…

저도 얘기하고 싶어요. 그런데 자존심 상해요. ㅜㅜ

꿈토야, 누군가는 말했어. 자존심은 물을 담는 그릇이라고.
자존심이 작으면 작은 그릇에 담긴 물이 작은 충격에도 크게 흔들리듯 쉽게 흔들린대. 자존심이 바다와 같이 크다면 웬만한 충격에도 흔들리지 않지. 쓸데없는 충격에 흔들리지 않으려면 바다와 같은 자존심을 가져야 하지 않을까?

물론 자존심을 지켜야 할 때도 있어.
경쟁 상대 앞에서 약한 모습을 보이고 싶지 않을 때,
친하지 않은 사람에게 자신의 부족한 모습을 보여주고 싶지 않을 때,
이럴 때라면 자존심을 세워도 좋아.

그러나 친구 앞에선 어떤 상황에서도 자존심이란 없는 걸로 치는 게 좋아. 더 중요한 것은 우정이거든. 우정과 자존심이 싸울 때, 자존심의 편을 들어주면 우정이 사라져 버린대.
그런데 우정의 편을 들어주면 자존심도 함께 따라온대.
지금 네 마음속에서도 우정과 자존심이 싸우고 있지?
누구 편을 들어주고 싶니?

우정이요.ㅠㅠ
하지만, 그렇다 해도 얘기를 꺼내는 건 어려워요.
그냥… 문자를 보내 볼까요?

문자보다는 편지가 어떨까?
진심이 담긴 편지는 상대방의 마음을 움직이거든.

〈유배지에서 보낸 정약용 편지〉란 책이 있어. 정약용 선생님이 강진 유배지에서 귀양살이를 하는 동안 두 아들에게 보낸 편지를 엮은 책이야. 이 책에는 선생님의 올곧은 생각과 자식에 대한 뜨거운 사랑이 엄격한 교훈과 함께 잘 나타나 있지. 편지에는 어떤 책을 읽어야 하고, 어떻게 해야 친척들과 좋은 관계를 유지하는지, 그리고 글을 잘 쓰려면 어떻게 해야 하는지 등에 대한 이야기뿐 아니라. 남을 돕고 겸손한 마음을 가지면서 우리글을 읽고 쓰는 걸 중시하라는 다짐까지 다양한 내용들이 담겨 있어. 정약용 선생님은 편지를 통해 엄격한 아버지의 모습을 보여준 것이지. 하지만 그것보다 눈에 띄는 건 순간순간 드러나는 아버지의 사랑이야. 자식에 대한 그리움과 미안함이 편지글 속에 고스란히 들어있지.

왜 '연애문자'나 '연애전화'에서 느껴지지 않는 감성이
'연애편지'란 단어에 듬뿍 담겨 있겠어?
편지에는 진심을 담을 수 있기 때문이지.
예쁜 편지지에 너의 진심을 담아 전해 봐.
그게 가장 효과가 좋을 거야.

편지요?
그게 정말 효과가 있을까요?

꿈토야, 긍정적으로 생각하고 기대해 봐.
효과가 없다고 생각하면 효과가 있어도 네가 믿을 수 없게 되잖아.
냉동차에서 일을 하던 사람이 실수로 냉동차에 갇히게 된 이야기를
해줄게.

냉동차에 갇힌 그 사람은 얼어죽을 것 같다는 두려움에 사방을 두드
리며 구조를 요청했지. 하지만 늦은 밤이라 아무도 그의 외침을 들
을 수가 없었어요. 결국 그는 냉동차 안에서 죽음에 대한 공포에 휩
싸여 갇혀 있게 된 거지. 다음 날 아침, 그의 동료가 그를 발견했을
때, 그는 이미 얼어 죽어 있었대. 냉동차 벽에는 "몸이 점점 차가워
진다." "공기가 부족하다." 라는 메모가 있었다는 거야. 그 사람이 남
긴 거지. 하지만 실제로 냉동차는 고장나 있어서, 실내온도가 14도 정
도였고, 환기구도 있었기 때문에 산소가 부족한 상황도 아니었어.

결국 곧 죽을 것이라는 자기 암시가 충분히 생존할 수 있는 상황인
데도 그를 죽게 만든 거야.

이런 걸 '노시보 효과'라고 해.
외부적인 요인 없이 부정적인 심리상태만으로도
신체나 정신에 영향을 미치는 것이지.
효과가 있을 것이라는 기대감을 가지고 편지를 주는 것과,
효과가 없다고 믿으며 편지를 주는 것은 아마 하늘과 땅 차이일걸.

아… 그렇군요.
긍정적으로 생각하란 말이죠?
알았어요. 노력해볼게요.

그래, 역시 꿈토야!
우리는 '노시보 효과'는 집어치우고, '플라시보 효과'를 누려볼까?

플라시보 효과란 치료 성분이 전혀 없는 약을 치료약이라고 설명한 다음 환자에게 복용시켰을 때, "이제 약을 먹어 병이 낫게 되었다."라는 환자의 긍정적인 믿음으로 인해 실제 약을 복용한 것과 같은 효과가 나타나는 현상을 말하는 거야.

나도 플라시보 효과를 경험한 적이 있어. 내가 눈이 안 좋아서 라식 수술을 했거든. 수술하던 날, 대기실에 앉아 있는데 온몸이 떨렸어. 처음 하는 수술이라 무섭고 두려웠지. 그때, 의사선생님이 다가와서 약을 주었어. 두려움을 없애는 약이라면서 말이야. 초콜릿 맛이 나는 약이었는데, 정말 그 약을 먹고 나니까 떨리지 않는 거야. 그런데 나중에 알고 보니 그 약은 진짜 초콜릿이었어.

꿈토야,
네 편지는 네 우정을 회복하는 데 정말 효과 짱일 거야!
믿어 봐.
그럼 좋은 일이 생길 거야. ^^

아, 비멘님도 라식수술 하셨어요? 저희 아빠도 했는데…
참, 비멘님 덕분에 힘을 얻고 열토에게 편지를 썼어요.
사랑한다는 고백도 덧붙였으니 정말 효과 있겠지요?
플라시보 효과, 기대해 볼게요. ^^

사랑한다는 고백이라…
그렇다면 '피그말리온 효과'까지 볼 수 있겠는 걸.

그리스 신화에 나오는 이야기야. 조각가였던 피그말리온은 아름다운 여인상을 조각하게 되었어. 그런데 그 여인상이 너무 아름답게 만들어진 거야. 그래서 피그말리온은 그 여인상을 사랑하게 되었지. 여신 아프로디테는 그의 사랑에 감동해서 그 여인상에게 생명을 주었어. 이 이야기를 근거로 '피그말리온' 효과라는 심리학 용어가 탄생했어.

상대방에게 기대나 관심, 사랑을 주면 그로 인해 상대방의 능률이 오르고 결과가 좋아지는 현상을 말해. 특히 교육심리학에서는 교사의 관심이 학생들에게 긍정적인 영향을 미친다고 설명하고 있지.

아마 편지로 전해진 꿈토의 관심과 사랑이
열토에게 긍정적인 영향을 미쳤을 거야.
그렇다면 이번 편지로 '플라시보 효과'와
'피그말리온 효과'를 함께 누릴 수 있겠지?

헤헤, 네. 그러려라 믿을게요.
그런데, 비멘님이 교육심리학 이야기를 하니까 모나리자 쌤
이 떠오르네요. 조금만 따뜻하게 대해주시면, 저도 능률이
오를 것 같은 느낌이랄까? 뭐, 그런 생각이 들었어요.

그건 정말 맞는 말이야.
나도 에이즈 선생님이 없었다면,
일류대학에 가지 않았을까 생각하는걸. ㅋㅋㅋㅋㅋㅋ

1968년, 하버드대학교 사회심리학과 교수인 로버트 로젠탈과 미국
에서 20년 이상 초등학교 교장을 지낸 레노어 제이콥슨이 함께 실
험을 했어. 미국 샌프란시스코의 한 초등학교에서 전교생을 대상
으로 지능검사를 한 후 검사 결과와 상관없이 무작위로 한 반에서
20% 정도의 학생을 뽑았지. 그 학생들의 명단을 교사에게 주면서
'학업성취가 좋아질 수 있는 가능성이 높은 학생들'이라고 말을 한
거야. 교사들은 정말 그 학생들에게 기대하는 마음이 생겼고, 자신
도 모르게 더 관심을 가지게 되었어. 격려와 칭찬도 아끼지 않았지.
8개월 후 이전과 같은 지능검사를 다시 실시하였는데, 그 결과 명단
에 속한 학생들은 다른 학생들보다 높은 점수를 받았어. 뿐만 아니
라 학교 성적도 크게 올랐고. 이 연구 결과는 교사가 학생에게 거는
기대가 실제로 학생의 성적 향상에 효과를 미친다는 것을 입증한
셈이지.

그러니까 네 말대로 모나리자 선생님이 너에게 관심과 사랑을 보여
준다면, 너의 학업 성적도 오를 가능성이 클 거야.
그런데 말이야. 불평은 하지 말자.
불평은 우리 삶을 건조하게 만들거든.
혹시 '스스로에게 반한 사슴 이야기' 들어봤니?

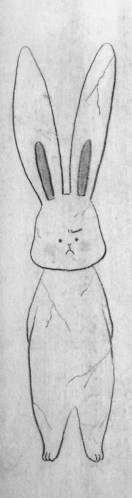

아니요. 그게 무슨 이야기예요?

아름다운 뿔을 가진 사슴 한 마리가 어느 날 맑은 샘물에 비친 자신의 뿔을 보고 반해버렸어. "어머, 내 얼굴이 이렇게 예뻤단 말이야?" 그런데 얼마 후에 자신의 다리를 보고 크게 실망했어. 금방이라도 부러질 것 같은 다리가 볼품없어 보였지. 사슴은 불평하기 시작했지. "아름다운 뿔하고는 튼튼한 다리가 어울릴 텐데, 내 다리는 왜 이렇게 약하게 생긴 거야!"하며 투덜거렸다. 이때, 사슴 사냥을 나온 사냥개가 사슴을 향해 달려들었어. 놀란 사슴은 죽을 힘을 다해 숲속으로 도망쳤지. 가늘고 긴 다리 덕분에 빨리 뛸 수 있었지. 하지만 뿔이 나뭇가지에 걸려 넘어지는 바람에 사냥개에게 잡힐 뻔하기도 했어. 우여곡절을 겪으며 도망쳐 나온 사슴은 아름답다고 여긴 뿔이 생명에 오히려 방해가 되었고, 보잘것없어 불평거렸던 다리가 자기를 살려주었다는 사실을 깨닫게 되었지.

꿈토야,
불평을 해도 상황은 바뀌지 않아.
다만 우리의 생각에 따라 불평이 될 수도 있고, 감사가 될 수도 있는 거야. 모나리자 선생님이 너에게 관심을 가졌다면 넌 성적이 좋아졌을지 모르겠지만, 성적을 올리느라 정말 좋아하는 그림을 멀리해야 했을 걸. 나도 일류대학교를 가는 것보다 지금처럼 상담하는 길을 선택한 것을 후회하지 않거든.

비멘님!!!!!!!!

ㅎㅎ 꿈토 들어왔구나.

네, 잠이 안 와서 메신저 켰는데 비멘님 계시길래
신나서 얼른 말 건거 ㅎㅎㅎ

ㅋㅋㅋ 아주 잘한 거 ㅋㅋㅋㅋ

어제 메일 받고 엄청 힘이 되었어요. 모나리자 쌤이
오늘도 잔소리 대박 하셨는데, 괜찮았어요. 저 잔소리가
나중에 나에게 도움이 될 날이 있을 거야 하면서
막 스스로 최면 걸었지요.

ㅋㅋㅋ 잘했네

저도 불평보다는 긍정적으로 생각하고 싶어요오~~
무엇보다 아빠에 대한 생각이 변했으면 좋겠어요.

흠… 아빠와의 관계는 아직도 어색한 거야?
저번에 대화도 했다며?

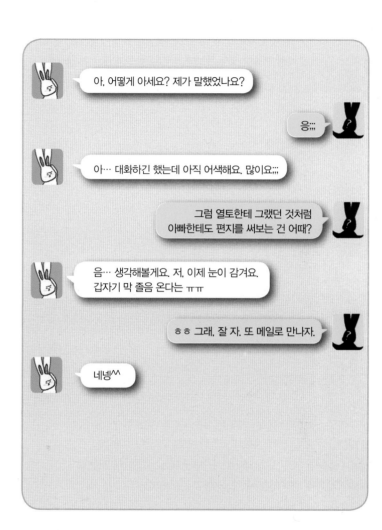

비멘님이 우리 아빠를 안다면 좋겠어요. ㅠㅠ
그렇다면 비멘님이 내 이야기를 전달해 줄 수 있잖아요. ㅠㅠ
난 아빠 때문에 꿈을 찾는데 오히려 더 오래 걸린 거 같아요.

어떤 기자가 한 모임에서 신기한 사실을 발견했어. 일란성 쌍둥이가 있었는데, 쌍둥이 중 한 사람은 유능한 교수가 되어 있었고 나머지 한 사람은 노숙자가 되어 있다는 사실이었지. 기자는 교수가 된 사람에게 물었어. 어떻게 그렇게 훌륭한 사람이 되었느냐고 말이야. 그는 대답했지.

"부모님 덕분입니다."

기자는 궁금한 마음에 노숙자를 찾아가 물었지. 왜 이렇게 되었냐고 말이야. 노숙자는 대답했지.

"부모님 때문입니다."

꿈토야,
아빠 때문에 꿈을 못 찾았다는 건 핑계에 지나지 않아.
같은 상황에 있어도 '때문에'가 '덕분에'로 변할 수 있는 거야.
너의 '때문에'도 '덕분에'로 바뀌기를 바랄게.

네ㅜㅜ 저도 아빠랑 잘 지냈으면 좋겠어요. 아빠가 지금처럼 바쁘지 않았을 때는 잘 지냈던 기억이 나요. 먼저 말을 꺼내보고 싶기도 해요. 하지만 그건 힘들어요. 사실 저요… 아빠가 먼저 시도해주기를 기다리고 있어요. ㅜㅜ 참, 오늘 열토랑 노래방에 가기로 했어요.

우와! 열토랑 화해했구나. 그 기분 알지. 화해하는 기분~
속이 다 후련하지? ㅋㅋㅋㅋㅋ 정말 잘했어.
아빠랑도 곧 그렇게 될 거야.

어떤 아버지와 아들이 등산을 하고 있었어. 정상을 향해 가는 길에는 나무가 빽빽하게 차 있었지. 아버지는 중간 중간 나침반을 바라보며 방향을 확인했어. 아들이 보기에 그 시간이 아까워 아버지를 재촉했지. "아빠, 나침반 좀 그만 보세요. 빨리 가야 날이 어두워지기전에 정상에 갈 수 있단 말이에요." 산속 깊이 들어갈수록 나무 때문에 방향은 보이지 않았고, 아들은 점점 불안해졌어. 아버지는 침착하게 나침반을 보고 방향을 확인하며 걸었지. 결국 부자는 정상에 오르게 되었어. 정상에서 아버지는 아들에게 나침반을 주며 말했어.

"애야, 시간보다 중요한 건 방향이야. 방향을 잘못 잡으면 산속에서 헤매다 죽을 수도 있단다."

어쩌면 아빠도 너와의 진정한 화해를 위한 방법을 찾고 있는지도 모르지. 너무 재촉하지 말고 조금만 여유를 갖고 지켜 봐.
아빠가 곧 큰 도움을 주지 않을까?
아무튼, 노래방 가서는 다 잊고 신나게!! 고고씽!!

아! 저는 아빠가 화해를 위한 방법을 찾고 있을 거란 생각을 조금도 못했어요. 비멘님 말을 들으니까 정말 그럴지도 모르겠네요. 알겠어요. 믿고 기다려볼게요.
그런데 내일모레가 지나야 느긋하게 기다릴 수 있을 것 같아요. 내일 모레에 공모전 발표가 나거든요. ㅠㅠ

아, 그렇구나.
꼭 명단에 꿈토의 이름이 있기를 기도할게.
하지만 혹시 안 되더라도 좌절하면 안 돼!

자신의 삶이 어두운 터널 같다고 생각하는 여자가 있었어. 그녀는 정부 보조금으로 살아가는 실업자였으며, 생후 4개월의 아기를 혼자 키우고 있었지. 아이에게 줄 우유 값이 없어 우유에 물을 타서 주었어. 어느 날 그녀는 이 어두운 긴 터널을 지나기 위해 무언가를 하고 싶었어. '내가 좋아하는 것이 뭘까?'라는 질문을 마음에게 던졌지. 마음은 대답했어. "너의 꿈은 동화작가였잖아."라고. 그녀는 곧바로 글을 쓰기 시작했어. 온종일 커피 한 잔으로 버티며 글을 썼지. 출판사에 보낼 원고를 복사할 돈이 없어 구식 타자기로 힘들게 원고를 완성했어. 그리고 출판사에 보냈는데 퇴짜를 맞았지. 그것도 열두 번이나 말이야. 그녀는 해리포터 시리즈의 작가, '조앤 롤링'. 열두 번의 퇴짜를 맞고 출간된 해리포터 시리즈는 전 세계 67개국 언어로 번역. 4억 5천만부가 판매되는 기록을 세웠지.

승자가 즐겨 쓰는 말은 '다시 한번 해보자.'이고
패자가 즐겨 쓰는 말은 '해 봐야 별 수 없다.'라는 말이래.
꿈토야, 혹시 결과가 좋지 않더라도
'다시 한번 해보자!'하며 일어나야 한다!

네넹! 그렇게요.^^ 오늘 열토와 이야기하면서 행복했어요. 참, 진로를 정했어요. 열토는 수학과, 나는 만화애니메이션 학과를 지원하기로 했어요.

축하해!
계속 꿈꾸면서 한 발씩 앞으로 나아가.
그럼 이루어질 거야.

페르시아와 한참 전쟁 중인 로마의 한 장수가 랍비에게 물었어. "유대교의 랍비는 매우 훌륭하다고 들었소. 오늘밤 내가 어떤 꿈을 꿀 것인지 알려줄 수 있소?" "페르시아 군대가 로마를 기습하여 도시를 불태우고, 많은 로마인을 잡아가 노예로 삼는 꿈을 꿀 것이오." 다음날 아침, 로마의 장수가 다시 랍비를 찾아왔다. "정말 신통하군요. 어젯밤 당신이 말한 그대로 꿈을 꾸었소. 당신은 어떻게 내가 그러한 꿈을 꿀 것을 알았소?" 랍비는 그저 미소만 지을 뿐 아무런 대답도 하지 않았어.

사실 랍비는 페르시아와 로마가 대치하고 있는 상황을 알고, 장수에게 암시를 줌으로써 그와 같은 꿈을 꾸도록 유도한 것뿐이래.

너는 만화가가 될 수 있는 상황을 만들어.
정보를 수집하고, 열심히 그림을 그리고 노력하면서…
그리고 네 자신에게 암시를 줘. 네가 할 수 있다고 말이야.
그럼 그것이 꿈이 되고, 그 꿈이 반복되면서 현실이 될 거야.

비멘님!!!! 공모전 떨어졌어요.
흑흑!!!!!! 어떡하죠???
마음 속에 태풍이 있는거 같아요 ㅠㅠㅠㅠ

에고!!!
바람도 아니고, 태풍이야? 어쩌나…
하지만, 꿈토야.
태풍도 나쁜 것만은 아니야.

태풍은 대형 인명·재산 피해를 내지. 그래서 사람들은 나쁘게만 생
각해. 하지만 태풍은 수자원을 공급하는 긍정적 효과도 있어. 태풍
은 강한 바람으로 바닷물을 휘저어 적조현상을 없애고, 비를 뿌려
수자원 확보에도 도움을 주거든. 태풍이 발생하여 이동하는 과정에
서는 저위도의 과잉에너지를 고위도 지역으로 운송함으로써 지구의
열적 불균형을 해소해 주는 역할도 한대.

태풍이 지나고 나면 공기가 한결 상쾌하게 느껴질 때도 있잖아. 그
건 강풍이 불어 대기오염을 정화해 주기 때문이래.

지금 네 인생에 태풍이 불고 있겠지만,
시간이 지나고 나면 그건 공기를 상쾌하게 만들어 주는
좋은 작용이 될지도 모르니.
기운 내!!

4장

까짓거! 나를 믿어보자!

꿈토는 좌절했다. 말 그대로 OTL이다.

꿈의 정체를 몰랐을 때는 알게 되기만을 바랐는데, 정체를 알고 나니 좀 더 가까이 가고 싶었다. 꿈만 생각하면서 열심히 달렸다. 그런데 다시 제자리라니…
슬픔이 밀려온다.

"처음부터 성공하는 사람은 없어. 좌절 없는 성공은 단단하지 못해. 더욱 단단한 꿈을 위해 다시 달려보자! 일어나, 꿈토야."

비멘이 응원해주었지만 다시 일어날 엄두가 나지 않았다. 꿈토의 상태를 눈치 챈 비멘은 매일 응원을 보내왔다. 꿈토는 세 통의 메일을 열지 않고 방치했다. 어떤 위로도 힘이 되지 않았다.

그러다가 문득 자신이 너무 한심해졌다. 불과 며칠 전까지만 해도 긍정적으로 꿈 꾸는 사람이었는데, 지금은 꿈 따위는 상관없는 사람이 되어 버렸다. 어쩌면 OTL에서 멈춰버릴지도 모른다는 불안감이 밀려왔다. 그렇게 바닥까지 내려가니 우습게도 희망이 고개를 들었다.

다시… 해볼까?

다시… 할… 수… 있을까?

메일을 열었다.

그리고 비멘에게 메일을 보냈다.

비멘님… 저요… 다시 할 수 잎을까요?
하면… 될까요?

와!! 꿈토닷!!
이게 얼마 만이야? 불과 며칠이 지났는데 백만 년 된 거 같네.
나는 아마 오늘도 네 이메일이 오지 않았다면, 엄청 실망했을 거야.
그런데 이제 됐어!
가까이 다가오던 실망이 줄행랑치는 소리가 들리는군. ㅋㅋㅋ
꿈토야, 겨우 한 번 떨어진 걸 가지고 할 수 없다고 생각하는 건 너무
어리석어. 얼마 전에 본 연예인에 대한 기사 이야기를 해줄께.

걸 그룹 시크릿의 멤버 '한선화' 알지? 한선화는 10대 하면 떠오르는
단어가 '오디션'이라고 대답했대. 10대 시절 수없이 많은 오디션에
떨어졌기 때문이지. 오디션을 백 번도 넘게 봤고, 그러다 마지막이라
고 생각하고 본 오디션에 찰칵 붙었지. 그게 지금 시크릿이 있는 회
사의 오디션이었대. 영화배우 장혁도 같은 고백을 했어. 2년 동안 백
번이 넘는 오디션에 떨어졌지만 포기할 수가 없었다고. 그는 수많은
오디션을 거치면서 배우로서 욕심이 생겼고 연기를 천직으로 여기
게 됐대. 그 외에도 오디션에 떨어진 스타는 많아. 가수 비는 열여덟
번, 아이유는 스무 번 떨어졌다는데?

꿈토야,
이들도 오디션에서 떨어졌을 때 너처럼 좌절모드였을 거야.
하지만 이들 모두는 다시 일어났지.
너도 얼른 다시 일어나!

하지만 제가 마치 모래알처럼 작게 느껴졌어요.
또 벌레처럼 하찮게 여겨졌어요. 내가 그린 그림들도
그렇게 느껴져서 다 버리고 싶었어요 ㅠㅠ

탈무드에 나오는 이야기 하나 해줄게.

다윗왕은 평소에 거미를 쓸모없는 벌레라고 생각하고 있었어. 거미
는 아무 데나 거미줄을 치는 더러운 동물이라고 생각했기 때문이
야. 그런데 언젠가 전쟁터에서 적군에게 포위되어 위기에 처했지. 다
윗왕은 다급한 마음에 어느 동굴 속으로 몸을 숨겼어. 그런데 그 동
굴 입구에 마침 한 마리의 거미가 거미줄을 치기 시작했어. 조금 후
에 그를 추격해 온 적군 병사들이 동굴 입구에 도착했지. 그러나 입
구에 처진 거미줄을 보고 동굴 안에는 사람이 없다고 판단하고 다른
곳으로 가버렸어.

"세상에 하찮은 것은 없구나!"

다윗왕은 거미에 대한 생각을 바꿨지!

꿈토야,
세상에 하찮은 것은 없어. 그런데 너와 네 그림이 하찮다고?
말도 안 돼. 그리고 설령 네가 정말 모래알이면 어때?
네 인생에서는 네가 주인공인데! 인생은 가까이에서 보면 비극일지
몰라도 멀리서 보면 희극이래! 그러니까 이제 좀 멀리서 바라보는
건 어떨까? 참, 네가 그리고 있는 그림들은 잘 보관해 놔. 너의 소중
하고 값진 과정들이잖아. 나중에 꿈토가 유명한 만화가가 되면 경매
에서 비싸게 팔릴 명작들인걸.
그날이 오면, 나도 꼭 경매에 참여해야지! 야호!

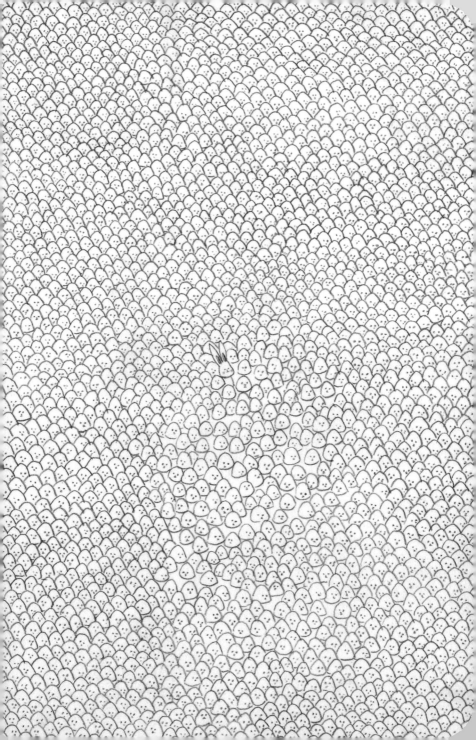

ㅎㅎ 비멘닝 덕분에 웃었네요.
저요… 정말 잘할 수 잋겠죠?

'할 수 있다'와 '할 수 없다'는 자신이 결정하는 거야.

뇌에는 큰 힘이 있어.
그것은 자신이 선택하는 대로 이루어내는 뇌의 능력이야.
'할 수 있다'를 선택하면 뇌는 할 수 있는 방법을 찾고 자신감, 의욕
으로 어떤 일을 해낼 수 있도록 도와주지.
그런데 '할 수 없다'를 선택 하면 뇌는 할 수 없다는 이유를 찾고 진
짜 할 수 없다는 두려움을 가지게 해.
이건 누군가의 특별한 능력이 아니라, 누구나 가지고 있는 뇌의 성
질이야.

자, 어렵지 않지?
누구나 가지고 있는 성질이라면, 너도 하면 되는 거잖아.
뇌에게 긍정적인 메시지를 전달해 봐.
너는 '할 수 있다.'를 선택했다고 말이야.
할. 수. 있. 다. 꿈. 토. 쨩!!! ㅎㅎ

# I can do it!

정말 제가 성공할 수 있을까요?
제 인생의 끝이 궁금해요.
미리 알았으면 좋겠어요.

음… 내가 좋아하는 노래 가사를 적어볼게. 한번 읽어 봐.

핫초코를 찾아 떠난 커피숍에서 마주친 카페라떼
어떤 게 더 좋을까 고민 고민하며 한 걸음 다가간다
주문을 하고 카페라떼를 마신다
한 모금 마신 후에 불현듯 떠오르는 핫초코
핫초코 초코 핫초코 주문할 걸 너무 섣부른 결정이었나
핫초코 초코 핫초코 집에 가기 전에 잊지 말고 테이크아웃
가벼운 걸음으로 집에 돌아간다 기분이 너무 좋아
내게 줄 수 있는 건 이것밖에 없다 따뜻하게 데우자
주방에 가서 전자레인지를 찾는다
눈앞에 들어온 건 엄마가 사 온 듯한 핫초코
카페라떼로 사 올걸 왜 하필 오늘 우리 엄만 날 생각했나
인생은 알 수가 없어 내일은 이런 일 없을 거야 테이크아웃

이 노래의 제목은 '인생은 알 수가 없어' 야.
노래 제목처럼 우리 인생은 알 수가 없어. 짜장면을 먹으러 중국집
에 가서 짬뽕을 먹게 될지도 모르는 게 인생이야. 저녁에 먹을 메뉴
도 알 수 없는데, 인생의 끝을 어떻게 알겠어? 좋아하는 걸 찾아서
열심히 하다보면 행복하게 살 수 있고, 행복하게 살다보면 인생의
끝도 아름답지 않겠어?
그렇게 믿고 고고씽해보자!
까짓거! 자신을 믿고 가보는 거지, 뭐^^

그럼그럼! 그래야지! 그래야 예쁜 꿈토지! ㅋㅋㅋㅋ

'좋아서 하는 밴드'라는 음악밴드가 있어. 지난 메일에 소개해준 '인생은 알 수 없어'라는 노래를 부른 팀이지. 그 팀의 노래를 들으면 뭐랄까? 입가에 자연스레 미소가 떠오르고, 딱딱했던 마음이 말랑말랑해지는 느낌이 들어. 아마 그건 말이야, 좋아서 하기 때문이 아닐까? 음악이 좋아서 만들고, 노래가 좋아서 부르니까 얼마나 기쁘겠어? 그 기쁨이 듣는 이들에게도 전해지는 거지. 너의 그림도 마찬가지야. 네가 좋아서 그리는 그림이니까, 그 좋은 기분이 전해지겠지.

그림을 그리는 너 자신에게, 그리고 그림을 보는 사람들에게…

꿈토야,
좋아하는 건 원하는 거야.
그럼 이제 너는 원하는 것에서 머무르지 말고,
그걸 어떻게 이룰지 고민하고 노력해야 해.
그럼 네가 나이가 들더라도 허망해지지 않을 거야.
사람이 나이 들어 가장 허망해지는 건 이룬 것이 하나도 없을 때가 아니라, 이룬다고 이룬 것들이 자신이 원했던 게 아니란 걸 깨닫기 때문이래.

언제나 비멘님 때문에 힘을 얻어요. 그 힘을 모나리자 쌤이 빼앗아 가지만요. 오늘도 수업시간에 딴 생각하다가 혼났어요. 체벌이 금지돼서 말로 혼내시는데, 저는 그 말이 더 무서워요. 왜 말도 폭력이 될 수 있다는 걸 모를까요? 딴 생각할 시간에 영어책을 한번 더 보라고 하더라고요. 자꾸 그러면 열등생이라고 손가락질 받을 거예요 ㅜㅜ

에이, 너무 심한 말씀을 하셨구나.
선생님이 성공한 열등생이 아주 많다는 사실을 모르시나 보다.

영국의 정치가 '윈스턴 처칠'은 초등학교 때부터 열등생이었어. 여러 번 빵점을 맞기도 했지. 그래서 그는 명문대를 포기하고 샌드허스트 사관학교에 두 번 낙방하고서야 합격할 수 있었어. 하지만 결국은 위대한 정치가가 되었잖아. 아인슈타인도 마찬가지야. 아인슈타인은 취리히 공대에 응시했다가 프랑스어·화학·생물학에서 낙제해 떨어졌어. 하지만 수학과 물리학에서 높은 점수를 따서 청강생 자격이 주어졌지. 아인슈타인의 재능을 알아본 물리학 교수 하인리히 베버가 기회를 준 거야. 진화론을 제시한 다윈도 의학자 집안에서 수치거리로 여겼던 열등생이었고, 천재 화가 '피카소'도 미술을 뺀 나머지 과목에선 낙제생이었어.

사람이 어떻게 다 잘할 수 있겠어?
자신이 속한 분야에서 전문가가 되면 되는 거지.
전문가라는 건 한 분야에서 최고인 사람이잖아. 네 분야에서만 우등생이 되렴. 내가 모나리자 선생님을 만나면 소리쳐줄게.
"우리 꿈토는 그림 우등생이라구요!"

네넹! 그럼 우등생이 되도록 열심히 노력할 거예요. 참! 오늘 아빠가 해외강연 마치고 돌아오셨어요. 여러 가지 말들이 생각났는데, 결국 한마디도 못 했어요. 왜 그럴까요? ㅠㅠ

꿈토야, 네가 이미 마음의 벽을 만들어 놓은 건 아닐까?

일본 애니메이션 '신세기 에반게리온'에 보면 말이야. 사람을 닮은 로봇들이 등장하지. 그런데 그 로봇들에게는 AT필드라는 보호막이 있어. AT필드가 있으면 웬만한 공격은 모두 막을 수 있지. AT필드는 주체가 가진 정신적인 힘에 따라 발산되는 위력이 다른데, 무한한 생명력을 가진 존재들인 사도들은 강력한 AT필드를 가지고 있어. AT필드는 'Absolute Terror Field'의 약자로 영혼을 가진 존재가 모두 갖는 마음의 벽을 의미해.

누구나 'AT필드'를 가지고 있어.
사람은 누구나 성장 과정에서 크고 작은 상처를 경험해.
그리고 상처를 받은 후에 다시 상처받지 않기 위해 마음의 벽을 쌓는 거야. 그 벽의 기능은 '자기 방어'야. 하지만 그 벽이 오랫동안 기능을 발휘하다보면 관계를 단절시키는 부작용을 발생시키곤 해.
아빠와 단절되기를 원하는 게 아니라면, 다시 상처받지도 모른다는 두려움을 버리고, 'AT필드'를 허물었으면 좋겠어.
벽을 사이에 두지 않은 채로 마주하고, 진심으로 대해보는 거야.
그럼 그동안 네 벽만 바라보느라 힘들었던 아빠의 마음이 보일 거야.

도전하거라.

안주하고 싶은 네 자신과 맞서 싸우거라

그러기 위해 너는 오로지 네 자신이어야 하고 또 끊임없이 사색

하고 네 생각과 말과 행동의 배후를 묻고 또 읽어야 한다

쌓아올린 네 건물이 어느 날 흔적도 없이 무너지는 기분이 든다

해도 두려워하지 마라

생각보다 말이야 생은 길어

 -〈네가 어떤 삶을 살든 나는 너를 응원할 것이다〉 중에서.-


꿈토야, 아빠가 책을 읽으면서 너에게 해주고 싶은 말을 발견하

고, 이렇게 편지에 적어 보낸다. 매일 함께 있지는 못해도 너의

꿈을, 너의 삶을 응원하는 아빠가 되고 싶다. 이건 진심이야.


                                        -꿈토의 아빠가-

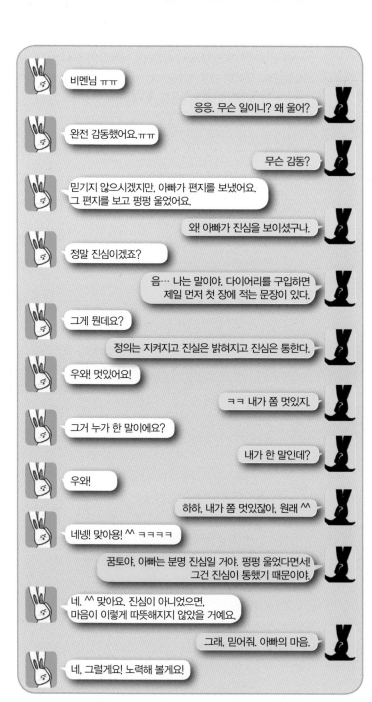

129

아빠의 편지를 또 읽었어요. 처음에는 아빠의 마음을 조금은 알 것 같았어요. 그런데 자꾸 생각하니까 지금은 잘 모르겠어요. 아빠의 마음을 다 들여다볼 수 있었으면 좋겠어요.

진심은 통한다니까!
잘 들여다봐. 보일 거야, 아빠의 마음이!

탈무드에 나오는 이야기였던가? '거울'이라는 제목으로 기억나는 이야기가 있어. 한 남자가 랍비를 찾아와서 말했어. "랍비님, 아무리 생각해도 모를 일이 있습니다. 가난한 사람들은 힘이 닿는 데까지 서로 도와주며 살아갑니다. 그런데 부자들은 여유가 있어서 더욱 남을 도와줄 수 있을 것 같은데 오히려 그렇지 않으니 어찌된 일입니까?" 랍비가 대답했지. "부자들이 남을 도와줄 줄 모른다는 말씀이시군요?" "예, 그렇습니다." 그러자 랍비는 창문을 가리키며 말했어. "자, 창문 밖에는 무엇이 보입니까?" 때마침 창 밖에는 우락부락하게 생긴 사람이 어떤 아이의 손을 잡고 걸어가고 있는 광경이 보였어. 그리고 그 뒤로는 시장으로 들어가려는 자동차가 한 대 보였지. 남자는 창밖에 보이는 대로 말했어. "그럼 이번에는 벽에 걸린 이 거울을 보십시오. 무엇이 보입니까?" 남자는 거울을 들여다보다가 대답했어. "제 얼굴 외에는 보이는 것이 없군요." 그제야 랍비가 말했어. "바로 그것입니다. 창문이나 거울은 다 똑같은 유리로 되어 있습니다. 그렇지만 은칠을 하게 되면 자기의 모습밖에 볼 수 없지요. 부자들이 남을 돕지 않는 것은 유리에 은칠을 했기 때문이죠!!"

자꾸 너의 생각으로 칠하면 너밖에 볼 수 없어. 아빠의 진심이 아니라, 그 진심을 보려고 노력하는 네 자신의 모습만 보일 거야. 투명한 마음의 창으로 보이는 그대로 보고, 그대로 느껴지는 네 마음을 믿어. 그게 진짜야.

아빠랑 문자했어요. 그래서 마음이 조금 말랑말랑해졌어요.
고마워요, 비멘님. 이게 다 비멘님 덕분이에요.
그동안 그림을 그리겠다고 생각만 하고 있었어요.
이제 다시 제대로 그려 볼게요.

네 꿈의 커서가 드디어 깜박이고 있구나.
얼른 엔터를 눌러. 대신, 그냥 누르면 안 돼!
진심을 다해서! 너의 온 마음을 담아 눌러보는 거야!

스스로 어려운 사람들을 돕겠다는 의사가 있었어. 그는 치료비가 없어 평생 의사 얼굴 한번 못 보고 죽는 사람들을 위해 일하고 싶다고 말했지. 그는 천막에서 무료병원을 시작했어. 환자들은 하루에 백 명도 넘게 몰려들었지. 그는 전기도 들어오지 않는 천막에서 촛불을 켜고 환자들을 돌보았어. 오진하지 않기를 기도하며 환자에게 청진기를 댔지. 그는 자신이 가진 모든 것을 환자에게 베풀었어. 잘 먹지 못해서 병이 생긴 환자에게는 닭 두 마리 값을 내주었고, 병원비가 없는 환자에게 도망치라면서 몰래 뒷문을 열어주기도 했지. 사람들은 그를 바보 의사라고 불렀어. 하지만 그는 말했지.

"바보라는 말을 들으면 그 인생은 성공한 것입니다. 그리고 인생의 승리는 사랑하는 자의 것입니다."라고 말이야.

바보 의사, 장기려. 그의 진심이 세상을 움직였어.
꿈토야, 진심은 어디든 통해.

5장

마음이 설레다

꿈토는 이제 아빠와 문자를 주고받는다.
마음이 완전히 풀린 것은 아니지만…
그래도 조금은 말랑말랑해진 마음이 느껴진다.
흐뭇하다.


열토는 여전히 세상에 하나뿐인 베프다.
잠깐의 오해가 있었지만, 화해를 하고 나서 더욱 가까워졌다.


학교 근처에 '고딩이'란 카페가 생겼다.
가격이 저렴하고, 앙증맞은 소품들이 많이 진열돼 있는 곳이다.
꿈토는 그곳에서 열토와 자주 만난다.
열토는 공부를 하고, 꿈토는 그림을 그린다.


핫초코.
요즘 꿈토가 열토 다음으로 사랑하는 것이다.
눈을 감으면 핫초코가 둥둥 떠다닌다고 고백하는 꿈토.
열토가 핫초코를 사준다고 하면 꿈토의 눈에서 하트가 발사된다.


그리고,
핫초코처럼 달콤한 일이 생겼다.
그것은…

학교 근처에 예쁜 카페가 생겼어요. 학생들을 위한 카페래요. 그래서 가격도 무지 싸요. 얼토는 가격이 착해서 그곳이 좋대요. 그런데 저는요, 그곳에 진열된 작은 소품들이 참 마음에 들어요. 요즘 그곳에 가서 얼토는 공부를 하고, 저는 그림을 그려요.

그래, 그림을 열심히 그리는구나.
역시 꿈토 최고!! ^^

어느 교수님이 수업 시간에 들어와서 칠판에 '내일 지구가 멸망한다면 무엇을 하겠는가?' 라고 썼어. 그러자 학생들은 자신들이 죽기 전에 해야 할 것들을 쓰기 시작했지. 수업이 끝날 때까지 쓰고 있는 학생들에게 "자 이제 여기를 보게!"라고 말했어. 교수님은 학생들이 뭐라고 썼는지 묻지도 않고 칠판의 질문을 지운 후 한마디를 적었지.

"적은 것을 지금 바로 하세요. Do it now!!"

'내가 헛되이 보낸 오늘은 어제 죽어간 이가 그토록 바라던 내일이다.' 내가 학교 다닐 때 국어선생님이 해주신 말씀이야.
나는 게으름이 내 손을 잡을 때 이 말을 떠올리곤 해.
꿈토야, 너는 실천하는 사람이 되도록 해.
물론 지금도 잘하고 있지만. ^^
참, 아빠랑은 잘 지내고 있니?

아빠가 요즘은 많이 노력하는 거 같아요. 강연하러 가도 문자도 주고 전화도 해요. 아빠는 저랑 잘 지낸다고 생각하는 것 같아요. 그런데 사실 제 마음은 잘 모르겠어요.

아빠의 마음을 공감하려고 노력해보면 어떨까?

1996년 이탈리아 리촐라티 연구팀은 원숭이가 땅콩을 집을 때와 땅콩을 집는 것을 바라볼 때 뇌에서 같은 일이 벌어진다는 걸 발견했지. 이건 같은 위치의 신경세포가 반응했기 때문이야. 이 세포의 이름은 '거울뉴런'. 이 세포는 상대의 감정을 바라볼 때 내 머릿속에서 거울처럼 반영되도록 만들지. 어머니의 울음을 보며 눈가를 훔치는 아이, 운동경기를 볼 때 내가 직접 뛰는 것처럼 느껴지는 흥분 등이 거울뉴런의 반응이야. 상대방의 얼굴이나 몸짓에 떠오른 감정을 읽는 순간부터 공감하게 되는 거지. 여기서 중요한 점은 그 보상으로 상대도 나를 거울처럼 비춰주기를 바라는 감정이 생긴다는 거야.

이해하는 만큼 이해받기를, 공감하는 만큼 공감받기를 바라게 되는 거지.

꿈토의 아빠도 그렇지 않을까?
꿈토와 소통하기 위해 노력하는 만큼
꿈토가 아빠의 마음을 공감해주기를 바랄 거야.

우와! 우리 뇌에 그런 신기한 세포도 있군요!
흠… 알겠어요. 마음 깊이 되새기고, 노력해볼게요.
참, 요즘은 그림을 열심히 그리고 있어요. 그런데 그리다보
니까 욕심이 나요. 빨리 많이 그리고 싶고, 얼른 잘 그리고
싶고… 이러다 욕심쟁이가 되려나 봐요.

열심히 하는 건 찬성!
욕심을 부리는 것도 찬성!
하지만 너무 욕심을 부리는 건 반대! ㅋㅋㅋㅋ

배고픈 여우가 길을 가고 있었어. 어디선가 달콤한 포도 냄새가 났
지. 사방을 둘러보니 저쪽에 포도밭이 보이는 거야. 여우는 포도밭으
로 달려갔어. 그런데 바로 먹을 수는 없었지. 포도밭에는 울타리가
쳐져 있었거든. 여우는 어떻게든 들어갈 방법을 연구하다가 작은 구
멍 하나를 발견했어. 그러나 여우가 들어가기에는 너무 작은 구멍이
었지. 여우는 며칠 동안 그 앞에서 기다렸어. 며칠 동안 굶으면 배가
홀쭉해져서 들어갈 수 있을 거라고 생각했지. 여우는 사흘을 굶고
구멍으로 몸을 밀어 넣었어. 어라! 정말 몸이 들어가는 거야. 포도밭
에 들어간 여우는 포도를 허겁지겁 먹었지. 그리고 배가 불러서 다
시 구멍에 몸을 들이밀었지. 어머! 이를 어째! 볼록해진 배가 구멍에
걸려서 빠져 나오질 않는 거야. 여우는 할 수 없이 다시 사흘을 굶고
나서야 간신히 빠져나왔어.

내가 지나친 욕심을 반대하는 이유, 알겠지?

ㅋㅋㅋㅋ 욕심을 조금 덜어낼게요. 하지만 집중하는 건 괜찮겠죠? 한번 그림을 시작하면 저도 모르게 집중하게 돼서 어느새 시간이 훌쩍 지나가요.

집중하는 건 좋은 거야.
그건 그림을 그리는 일이 네 가슴을 뛰게 하기 때문이거든.

"무엇보다도 이 일이 내 가슴을 뛰게 하기 때문이죠."

오지여행가로 유명한 '한비야'. 그녀가 어느 방송 중에 한 말이야. 그녀는 회사를 그만두고 7년간의 세계 여행길에 올랐어. 여행이 가슴을 뛰게 하기 때문이었지. 그녀는 비행기를 거의 이용하지 않고 육로로만 여행을 다녔어. 여행 중에 국경을 넘으며 겪은 여러 사건들과 아프가니스탄에서의 위험했던 순간들을 묘사한 생생한 기록을 책으로 펴내기도 했어. 오랜 여행을 마친 그녀는 국제구호개발기구 월드비전의 구호팀장으로 일했지. 재해와 전쟁이 일어난 지역에 가서 위기에 처한 사람들을 돕는 일이었어. 그녀가 그 일을 선택한 이유? 그것 또한 가슴을 뛰게 하기 때문이었어.

나도 마찬가지야.
상담을 하고, 누군가의 멘토가 되는 일이 내 가슴을 뛰게 해.
너도 그림을 그리는 일이 네 가슴을 뛰게 하는 거지?

맞아요! 그럼 그럴 때는 정말 가슴이 뛰어요. 즐겁고 흥분되고 설레거두요. 그런데 시간이 좀 부족해요.

시간은 누구에게나 똑같이 주어지지.
누구에게나 하루는 24시간이잖아.
하지만, 시간을 효율적으로 사용하면 훨씬 유리해져.

왕이 소유한 넓은 포도밭이 있었어. 그곳에는 많은 일꾼이 있었는데 특히 한 사내는 효율적으로 일을 하는 사람이었지. 어느 날 왕이 포도밭을 찾아 그 사내와 함께 오랫동안 포도밭 이곳저곳을 둘러보았어. 하루의 일과가 끝나고 일꾼들은 각각 그 노임을 받았지. 그런데 왕과 함께 산책한 사내도 같은 액수의 노임을 받자 다른 일꾼들이 불만을 터트렸어. "이 사내는 저희들과 함께 두 시간만 일했고, 나머지 시간 동안은 왕과 함께 산책을 했을 뿐입니다. 그런데 일곱 시간 일한 저희들과 같은 노임을 받는다는 것은 말이 안 됩니다." 그러자 왕이 말했어. "이 사내는 단 두 시간을 일했을 뿐이지만 너희들이 일곱 시간을 일한 것보다 훨씬 많은 양의 일을 해냈다. 그러므로 너희들과 같은 액수의 노임을 받은 것은 오히려 부족하다고 할 수 있다."

일을 얼마나 오랫동안 하느냐는 중요하지 않아.
얼마나 효율적으로 하는가가 중요하지.
실제로 짧은 생을 살다 갔지만 오랜 세월을 산 사람보다 훨씬 많은 업적을 이룬 사람도 많잖아.

오늘은 그림을 못 그렸어요. 모나리자 쌤의 감시가 심했거든요. 학교도 늦게 끝나는 날이었고요. 정말 하루 종일 그림을 그릴 수 있으면 얼마나 좋을까 생각했어요.

어려운 상황은 사람을 더 간절하게 만들어준단다.

말라위라는 나라가 있어. 세계에서 최고로 가난한 나라 중 하나야. 교육환경 또한 최고로 열악하지. 7500명이 다니는 초등학교에 교실이 열 개뿐이야. 작은 교실에 선생님 한 명과 180여 명의 아이들이 와글와글거리고, 교실에 들어가지 못한 나머지 아이들은 운동장 바닥에서 공부해. 선생님들도 처지는 마찬가지야. 벽돌을 칠판삼아 가르치고, 교무실도 없어서 시험 채점도 밖에서 하지. 노트 한 권, 책 한 권 가지기도 어려운 상황이야. 비가 오면 그날 수업은 진행될 수 없어 모두 집에 돌아가야 해. 그런데도 선생님을 바라보는 아이들의 눈망울이 어찌나 반짝거리는지! 선생님의 한마디를 놓칠까 봐 모두 집중하고 있어. 학교가 끝나면 아이들은 집으로 돌아가 밤늦게까지 촛불 밑에서 공부를 해. 지붕에 구멍이 숭숭 뚫려 비가 새고, 바닥에는 개미가 득실거리고, 수도도 전기도 없는 그런 집에서 말이야.

말라위의 아이들은 어떻게 이런 환경에서 공부를 할 수 있을까?
아마 간절하기 때문이 아닐까?
도저히 공부를 할 수 없는 상황이기 때문에 더 간절해지는 걸 거야.
꿈토야, 편한 환경보다는 조금 불편하고,
조금 어려운 게 너에게 좋아.
그래야 간절해지고,
그 간절함은 네 꿈을 이루는 원동력이 될 거야.

맞는 말씀인 거 같아요. 모나리자 쌤이 감시하면, 그림을 그리고 싶은 마음이 더 꿈틀거려 미치겠거든요. 그럼 집에 오자마자 더 열심히 그리게 돼요. 그런데요, 앞으로 꿈을 이루려면 또 몇 번이나 실패해야 할까요? 그게 좀 두려워요.

아이폰을 개발한 스티브잡스를 알고 있니? 스티브잡스가 선보인 제품들은 하나같이 신선한 충격이었어. 정말 혁신적인 사람이었고, 그의 혁신은 성공을 거두었지. 하지만 스티브잡스도 항상 성공한 것은 아니야. 몇몇 제품에서 큰 실패를 겪었고, 쫓겨나듯 회사를 떠나야 했던 시절도 있었어. 하지만 잡스는 실패를 두려워하지 않았고, 과감하게 새로운 분야를 개척했지. 결국 스티브잡스의 업적은 단순히 IT업계에 그치지 않고 몇몇 산업 전반에 큰 변화를 가져왔지.

우리도 스티브잡스의 마음을 배워보자.
실패를 두려워하지 않고, 앞으로 나아가는 거야!
활기차게, 고고씽!!^^

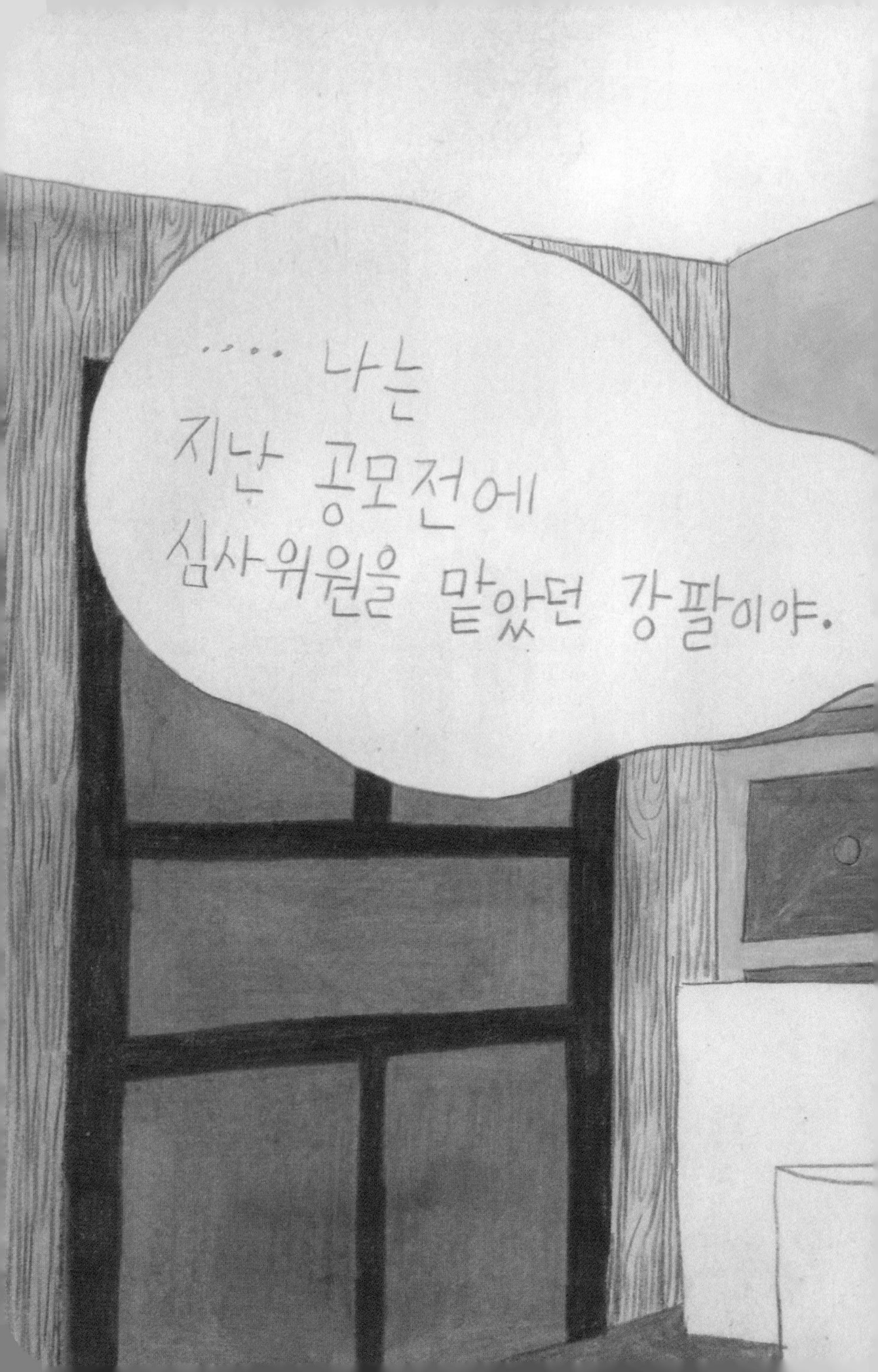

..... 나는 지난 공모전에 심사위원을 맡았던 강팔이야.

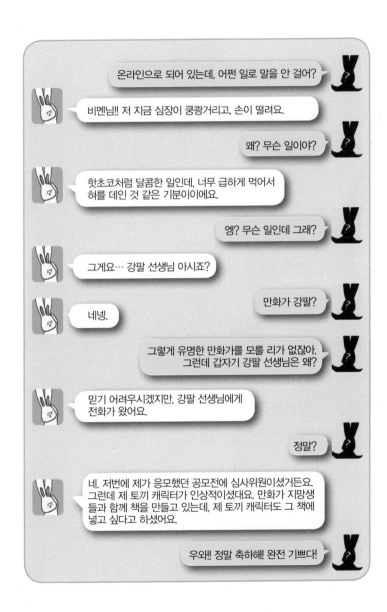

온라인으로 되어 있는데, 어쩐 일로 말을 안 걸어?

비멘님!! 저 지금 심장이 쿵쾅거리고, 손이 떨려요.

왜? 무슨 일이야?

핫초코처럼 달콤한 일인데, 너무 급하게 먹어서 혀를 데인 것 같은 기분이이에요.

엥? 무슨 일인데 그래?

그게요… 강팔 선생님 아시죠?

만화가 강팔?

네넹.

그렇게 유명한 만화가를 모를 리가 없잖아. 그런데 갑자기 강팔 선생님은 왜?

믿기 어려우시겠지만, 강팔 선생님에게 전화가 왔어요.

정말?

네. 저번에 제가 응모했던 공모전에 심사위원이셨거든요. 그런데 제 토끼 캐릭터가 인상적이셨대요. 만화가 지망생들과 함께 책을 만들고 있는데, 제 토끼 캐릭터도 그 책에 넣고 싶다고 하셨어요.

우왜!! 정말 축하해! 완전 기쁘다!

아, 꿈인지 현실인지 도무지 분간이 안 돼요.

 정신 차례! ^^ 현실 맞아. 그래서 뭐라고 그랬어?

 생각해보고 전화해달라고,
작업실 전화번호를 알려주셨어요.

 내일 바로 전화 드려. 너무 좋은 기회잖아.

 네 ㅠ 우선 심호흡하고 심장부터
정상으로 돌려놔야겠어요.

 하하, 그래, 너무너무 축하하고, 또 축하해!
일이 있어서 나가볼게. 어떻게 됐는지 메일 보내줘.

 예압!

오늘 하루 종일 전화기를 들었다 놨다 했어요. 정말 제가 할 수 있을까요? 함께 하겠다고 말해도 될까요?

떨리는 건 당연해.
하지만 오래 고민하지는 마.
좋은 기회인데, 놓칠 수는 없잖아.

독일의 철학자 임마누엘 칸트는 매우 논리적이고 신중한 사람이었어. 그런데 매사에 신속한 결단을 내리지 못하는 단점이 있었지. 칸트는 한 여인과 사귀고 있었는데 도무지 청혼을 하지 않았어. 여인은 견디다 못해 칸트에게 먼저 청혼했지. "저와 결혼해 주세요." 칸트의 대답은 간단했어. "한번 생각해보겠습니다." 칸트는 그때부터 결혼에 대한 연구를 시작했어. 도서관에 가서 결혼에 관한 자료를 수집했지. 결혼에 대한 찬성과 반대의 글을 읽으며 몰입했어. 그리고 그 여인과 결혼하기로 최종 결정을 내렸지. 칸트는 여인의 집에 찾아가 문을 두드렸어. 그때 여인의 아버지가 나와 말했지.

"너무 늦었소. 내 딸은 이미 세 아이의 어머니가 됐다오."

영국의 극작가 버나드쇼의 묘비명에는 이런 글이 적혀 있대.
'우물쭈물 하다가 내 이럴 줄 알았다.'
우물쭈물하지 마.
그러다 기회를 놓치면 평생 아쉬울 거야.

I KNEW
IF I STAYED
AROUND
LONG ENOUGH.
SOMETHING
LIKE THIS
WOULD HAPPEN.
SHAW.GEORGE BERNARD
1856.7.26~1950.11.2

강쌤 쌤에게 전화했어요. ㅋㅋㅋㅋ
공모전에 냈던 그대로 그려서 주면 된대요.
설레기도 하는데, 잘할 수 있을까 걱정도 돼요.
사실은 설렘보다 불안한 마음이 더 커요. ㅠㅠ

'죽은 시인의 사회'라는 오래된 영화가 있어. 그 영화는 웰튼 아카데 미에서 일어나는 일을 다루고 있어. 웰튼 아카데미는 전원 기숙사 생활을 하며 오직 명문대학 입학만을 목표로 하는 학교지. 어느 날, 웰튼 아카데미에 새로운 영어 선생님이 왔어. 그가 오게 되면서 학교에는 새바람이 불지. 그는 시와 문학을 가르치면서 틀에 박힌 삶을 강요받는 학생들에게 영감을 주는 교육을 시작했거든. 그는 "삶의 주체는 바로 너희들 자신이야."라고 말하면서, 학생들에게 "카르페 디엠"이란 말을 가르쳤어.

Carpe diem (카르페 디엠).
이 말은 '현재를 잡아라.' 또는 '지금 살고 있는 현재, 이 순간에 충실 하라.'는 뜻의 라틴어야.

서핑을 하는 사람들도 처음 몇 번 겪는 파도는 두렵대.
하지만 그걸 즐기게 되면, 더욱 큰 파도가 오기를 바란대.
저 파도를 꼭 넘어야겠다는 생각에 설레고 짜릿하대.
너도 즐겨 봐! 우리 한번 외쳐볼까?
"그깟 만화쯤! 덤벼라! 내가 이긴다!"

열토: 그림은 잘 되고 있는 거야??

꿈토: 응, 자신 있게 해보려고. 비멘님 덕분에 많이 힘을 얻었어.

비멘님??

응, 내가 이야기했었잖아.
이메일로 멘토가 되어주는 분이 있다고.

네가 과외쌤인 거 같다고 했던 분??

응. 그 분 닉네임이 '비멘'이야.

혹시 비밀멘토란 뜻이야?

응, 어떻게 알아???

아니... 너희 아빠 상담하실 때 쓰는 닉네임이
비멘이거든.

엥?????

혹시, 그 비멘이 너희 아빠 아니야?

아니야! 말도 안 돼!

으응, 하긴… 그럴 리가 없지.
같은 닉네임을 쓰나보네.

그래, 그럴 거야.

# 6장

## 꿈이 설레다!

'정말 비멘님이 아빠일까? 아니야. 그럴 리가 없잖아. 그런데 왜 닉네임이 똑같지?'
꿈토는 며칠 동안 생각했다. 답은 없었다. 그리고 절대 아닐 거라고 생각해버렸다.
그 생각은 옥에 티와 같았다. 그것을 빼면 나머지는 모두 다 행복한 일이었기 때문이다.

강팔 선생님에게 그림을 보냈다. 그리고 연락이 왔다. 〈만화 멘토 '강팔'과 함께 꿈꾸
자〉라는 책에 꿈토의 그림이 실린단다. 꿈토가 그린 토끼 캐릭터가 표지모델이라고 했
다. 이 소식을 들은 날, 열토와 꿈토는 얼싸안고 소리를 지르며 방방 뛰었다.

열토는 공부를 잘하는 친구들과 여전히 친하다. 하지만 이제 상관없다. 꿈토는 믿는다.
열토가 꿈토를 사랑한다는 것과 최고 베프로 생각한다는 것을…

행복한 일이 하나 더 있다. 아빠와 함께 있는 시간이 많아졌다는 것. 아빠는 그동안 청
소년 상담을 하면서 겪었던 일을 책으로 집필하기 위해 강연일정을 많이 줄이고, 집에
있는 시간을 늘렸다.

그리고 무엇보다 기쁜 소식! 인터넷 신문에서 과외쌤의 소식을 접했다. 아마추어 사진
작가상을 받은 과외쌤은 환하게 웃고 있었다.

'그래, 이제는 내 꿈도 설레고 있어. 그 설렘을 놓치지 않도록 노력하며 달려가자!'
꿈을 이루어가고 있는 과외쌤의 모습을 보며 덩달아 흐뭇해진 꿈토는 생각했다.

답장이 늦었죠? 며칠 동안 고민이 있었어요. 정말인지 아닌지 궁금한 문제가 있는데, 이젠 그냥 포기해버렸어요. 그런데 조금 찜찜한 기분이 들긴 해요.

그렇게 오래 궁금했으면, 알아내야지!
왜 쉽게 포기한 거야?
에이, 그건 별론데~

어느 화창한 봄날 한 여우가 숲을 지나고 있었어. 여우는 고개를 들어 포도나무에 달린 즙이 많은 포도를 보았지. '포도가 맛있어 보이는군.' 여우는 생각했어. 여우는 폴짝 뛰어올라 포도를 따려고 했지. 그러나 포도는 생각보다 너무 높이 있었어. 여우는 몇 번 도전했지만 포도는 닿을 수 없는 곳에 있었어. 결국 여우는 포기하기로 결정했지.

'포도가 달콤한 거라고 생각했는데 지금 보니 신 포도군.' 여우는 자기 멋대로 생각하며 아무렇지 않은 척 지나갔어.

여우가 너무 쉽게 포기하고, 합리화를 시켜 버렸지?
꿈토는 그러지 마. 정말 궁금한 일이었고,
너에게 도움이 되는 일이라면, 더 노력해서 알아내!
더군다나 계속 찜찜할 거라면 말이야.
참, 강팔 선생님에게선 연락이 왔니?

네^^ 〈만화 멘토 '강풀'과 함께 꿈꾸자!〉라는 책에 제 그림이 실린대요. 강풀 선생님이 만화가 지망생들에게 멘토가 되어서 만화가에 대한 이야기랑 조언을 해주는 책이래요. 거기에 만화가 지망생들의 그림이 함께 들어가는데, 제 그림도 그 중에 하나래요! 더 기쁜 소식요, 제 캐릭터가 표지모델이라는 거예요!

우와! 정말 축하해!
이제 네 마음을 넓혀도 되겠는 걸.
네 마음속 꿈도 커질 수 있게!

일본인들이 기르는 관상어 중에 '코이'라는 잉어가 있어. 이 잉어는 자라는 환경에 따라 크기가 달라지는 특징이 있어. 작은 어항에 두면 8센티미터밖에 자라지 않지만 수족관이나 연못에 넣어두면 25센티미터, 강물에 방류하게 되면 120센티미터까지 자라. 그 코이를 품고 있는 물의 크기가 코이의 크기를 만들어 가는 거야.

꿈토 마음이 그동안 작은 꿈을 품는 어항이었다면,
이제 수족관으로 만들어 보는 거야.
그리고 그 다음엔 강물이 되어보는 건 어때?
조금씩 조금씩 네 꿈이 커질 수 있도록!

네네! 목표를 조금씩 높이라는 말씀이죠? 잊어버리지 않을게요! 가끔은 그런 생각이 들어요. '로또 복권이 당첨되는 것처럼 한 순간에 꿈이 이루어지면 얼마나 좋을까?'하는 생각이요.

ㅋㅋㅋㅋ 나도!!
사람들은 다 그런 생각을 한번쯤은 해.

옛날에 너무 가난해서 신에게 이렇게 기도하던 사람이 있었어. "제발, 복권에 당첨시켜 주세요. 그렇지 않으면 저는 죽을 거예요. 저는 아무 일도 할 수 없고, 생계를 이어갈 만한 사업 기술도 없어요." 그는 30년 동안이나 이렇게 계속 기도했어. 하지만 그 기도는 이루어지지 않았고, 결국 그는 지쳐서 기도를 바꿨지. "신이시여! 이번에 마지막으로 당신께 복권에 당첨시켜 달라고 기도합니다. 이번에 복권에 당첨시켜 주시지 않으면 저는 더 이상 믿지 않을 거예요! 다시는 당신을 믿지 않을 겁니다!" 그러자 신이 대답했어.

"제발 복권부터 좀 사라!"

ㅋㅋㅋㅋ
로또복권 1등에 당첨될 확률은 '8,145,060 분의 1'이래.
더 쉽게 말하면,
할아버지, 아들, 손자가 다른 날 차례로 벼락 맞을 확률이지.

꿈토야,
우리는 '한 번의 행운을 만난 사람'보다는
'항상 행복한 사람'이 되자.

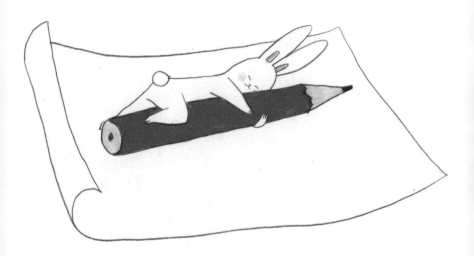

ㅋㅋㅋㅋㅋㅋ 알았어요! 참, 얼마 전에 인터넷을 보다가 깜짝 놀랐어요. 인터넷 신문에서 과외쌤 사진을 봤어요. 무슨 아마추어 사진작가로 뽑혔대요! 아주 환하게 웃고 있는 모습을 보니까 제 마음도 덩달아 기쁘더라고요. 저도 그 모습을 보면서 꿈을 이루고 싶은 마음이 더 커졌어요.

잘할 수 있을 거야!
넌, 꿈토니까! ㅋㅋㅋㅋㅋ

한 마리 애벌레가 들판에 있었어. 그 애벌레는 저기 보이는 언덕만 넘으면 바다가 있을 거라고 생각했지. 하루, 이틀, 사흘, 나흘… 한 달, 두 달… 열심히 기어가던 애벌레는 사자랑 곰이랑 호랑이를 만났어. 사자가 물어봤어. "애벌레야 어딜 그렇게 열심히 가니?" "바다에 가. 저 언덕만 넘으면 바다가 있을 거야." "저 언덕을 넘어도 바다는 없어!" 곰이 말했어. 애벌레는 "아니야 저기만 넘으면 바다는 분명 있어!"라고 말하고는 다시 열심히 가기 시작했어. "그럼 우리가 거기로 데려다 줄까? 내 어깨에 타고 가면 더 빠를 거야!" 호랑이가 말했지만, 애벌레는 사양했어.

"내가 기어서 그곳에 도달하고 싶어. 그래야 의미가 있는 거야."

꿈토도 애벌레처럼 조금 느리더라도,
스스로 가보는 거야!
그래야 의미가 있는 거니까!

열공 중?

응. 잠깐 쉬려고 메신저 켰어.
ㅋㅋㅋㅋ 네가 들어올 거 같더라!

 ㅋㅋㅋㅋㅋ 내 텔레파시 받았구낭.

응. 아웅~ 이제 며칠만 있음 고2다.
같은 반은 안돼서 아쉽지만,
그래도 우린 계속 베프다. 그치?

 응응! 당근이지. 그럼, 얼른 열공해!!

ㅋㅋㅋㅋ 그래. 넌 열그림할거야? ㅋㅋ

 ㅋㅋㅋㅋㅋ 응. 아까 아빠 들어오시는 소리 났는데,
인사 못 했어. 아빠한테 인사하고 열그림하려고. ㅋㅋㅋㅋ

그래, 파이팅!

 너두!!

참, 꿈토야.
어제 해준 애벌레 이야기마저 해줄게.
뒷이야기도 있거든.

마침내 애벌레는 그 언덕에 도착했어. 그런데 그곳엔 바다가 아닌 강이 있었던 거야. 강을 처음 본 애벌레는 기뻐서 어쩔 줄 몰라 하며 말했지. "드디어 바다에 도착했어!" 그 모습을 옆에서 지켜보던 나무가 애벌레에게 핀잔을 주었어. "바보야! 이건 강이지, 바다가 아니야! 바다는 강보다 훨씬 훨씬 크고 넓거든!" 그러자 애벌레가 나무에게 말했어.

"이곳이 바다든 강이든 그것이 나에게 중요한 것은 아니야! 이곳은 내가 나비가 되기 위한 무대일 뿐이니까!"

꿈토야,
네가 어느 곳에 있든, 그곳은 네 꿈을 펼칠 무대가 될 거야.
아름다운 나비가 되어서 꼭 만나자! ^^

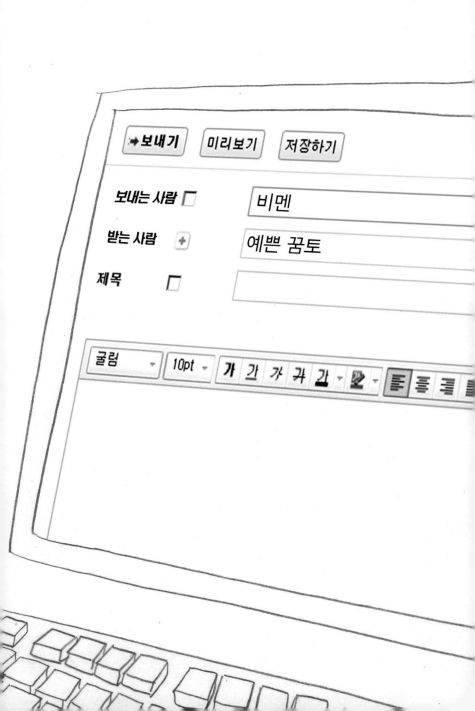

2년
후…

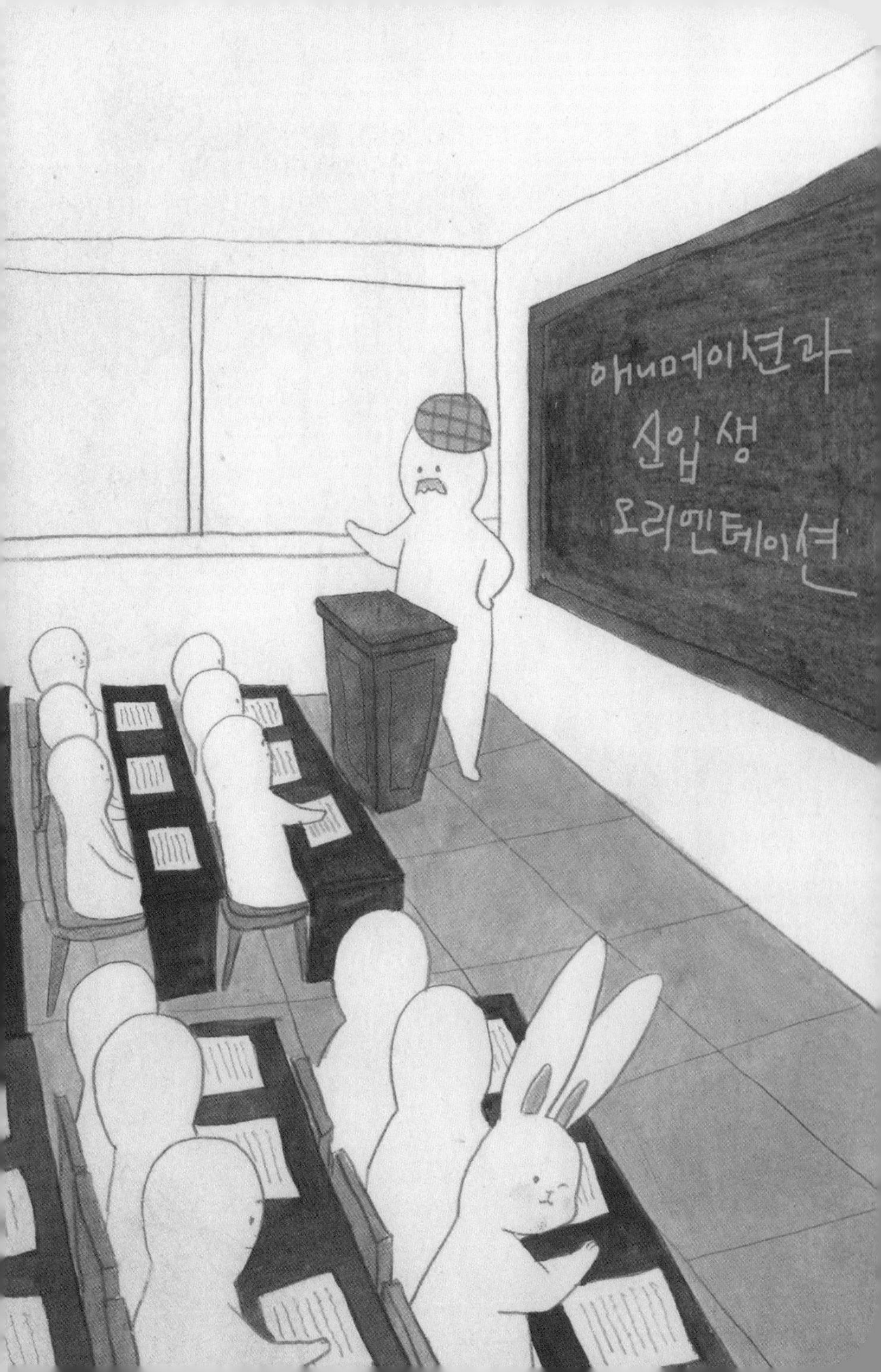
애니메이션과
신입생
오리엔테이션

대토: 초코우유 사줄까? 너 초코우유 좋아하잖아!

꿈토: 내가 뭐 초딩인가?


대토:(풀이 죽어) 아… 지금은 안 좋아하는구나.

꿈토: 지금은 핫초코 좋아하는데! 핫초코 사줘!

Healing
힐링
멘토 청소년을 위한
유쾌한 감성 멘토링

글 : 오선화
그림 : 구작가

이 책의 편집과 디자인은 장인형 노영현이, 출력·인쇄·제본·종이 공급은 꽃피
는 청춘의 임형준이 진행해 주셨습니다. 이 책의 성공적인 발행을 위해 애써주
신 다른 모든 분들께도 감사드립니다. 틔움출판의 발행인은 장인형입니다.

초판 1쇄 발행 : 2012년 9월 28일
초판 4쇄 발행 : 2014년 7월 15일

펴낸 곳        틔움출판
출판등록      제313-2010-141호
주소          서울특별시 마포구 월드컵북로4길 77, 3층
전화          02-6409-9585
팩스          0505-508-0248
홈페이지      www.tiumbooks.com

ISBN 978-89-98171-00-1 43320
이 도서의 국립중앙도서관 출판시도서목록(CIP)은 e-CIP홈페이지(http://www.
nl.go.kr/ecip)와 국가자료공동목록시스템(http://www.nl.go.kr/kolisnet)에서 이
용하실 수 있습니다.(CIP제어번호: CIP2012001503)

틔움은 책을 사랑하는 독자, 콘텐츠 창조자, 제작과 유통에 참여하고 있는 모든 파트너들과 함께 성장합니다.

힐링 멘토의 또 다른 친구

 Healing
힐링
멘토
•EBS에서 길을 찾다•

EBS 영어 지문과 함께 하는 학습 멘토
따뜻한 그림과 함께 하는 이미지 멘토
유쾌한 이야기로 답답함을 풀어주는 스토리텔링 멘토

"Lincoln hadn't needed intellectual advice.
He had merely wanted a friendly, sympathetic listener to whom he could unburden himself"
"Genius is 1 percent inspiration and 99 percent perspiration."
"The Fox walked away with her nose in the air. I am sure the grapes are sour."

청소년 멘토 오선화 작가의 감동과 재미가 있는 책들

한국판 〈1리터의 눈물〉 감동이 되살아나다.

중학교 1학년부터 6년 동안 하루하루를 고통 속에서 살다 간 은혜,
한순간이라도 아프지 않고 살고 싶다는 절실한 희망을 담은 6년간의 일기는
오늘의 행복과 소중함을 잃고 사는 이들에게 삶의 의미를 돌아보게 한다.

이만 명의 내 쉬키루들에게, 괜찮다고 말해주고 싶다.

어느 순간부터, 내가 만나는 청소년들이 내 자식처럼 느껴졌다. 첫사랑에 실패
하지 않았더라도 이렇게 큰 자식은 없을 나이인데, 요 녀석들 마음속에 웅크
리고 있는 꼬마가 보여서일까? 그 꼬마와 부둥켜안고 운 적이 많아서일까? 내
속으로 낳은 내 새끼 같다. 그래서 나는 녀석들을 '쉬키루' 혹은 '쉬카'라고 부른
다. 책을 통해 말해주고 싶다. "쉬키들아, 이 책이 너희를 보듬어주었으면 좋겠
다. 내 맘 알지? 너희는 정말 괜찮아, 다 괜찮아."라고, _작가의 말에서

내가
좋아하는 것
5가지

1 _____

2 _____

3 _____

4 _____

5 _____

이루고 싶은
나의 꿈
5가지

1 _____

2 _____

3 _____

4 _____

5 _____